PASTORES

VERONA

Paolo Marton

VERONA

Text von
Klaus Zimmermanns

HIRMER VERLAG MÜNCHEN

Umschlagvorderseite:
Fassadendetail von San Zeno

Umschlagrückseite:
Kreuzgang und Basilika von San Zeno

Frontispiz:
Blick über Ponte Pietra auf San Giorgio in Braida

CIP-Titelaufnahme der Deutschen Bibliothek

Verona / Paolo Marton. Text von Klaus Zimmermanns. –
München : Hirmer, 1991
Einheitssacht.: Verona ⟨dt.⟩
ISBN 3-7774-5500-8
NE: Marton, Paolo; Zimmermanns, Klaus; EST

Schutzumschlag: Dieter Vollendorf, München
Satz: Ludwig Auer GmbH, Donauwörth
Lithographie: Zincografia, Verona
Druck: Grafiche LEMA, Maniago/Pordenone
Bindung: Conzella, Pfarrkirchen
Printed in Italy
ISBN 3-7774-5500-8

Inhalt

Geschichte einer Stadt

Die Bilder

Anhang

GESCHICHTE EINER STADT

Verona-Chronologie

148 v. Chr. Ausbau der Via Postumia Genua – Aquileia.

89 v. Chr. Gründung der römischen Kolonie Verona; vermutlich Bau der ersten Steinbrücke.

49 v. Chr. Verona erhält das römische Bürgerrecht; Bau der republikanischen Stadtmauer mit Porta Leoni und Porta Borsari.

1. Jh. n. Chr. Rege Bautätigkeit: Römisches Theater (augusteisch); Erneuerung der Stadttore (claudisch-neronisch); Amphitheater (Ende 1. Jh.).

265 Kaiser Gallienus erneuert die Stadtmauern.

4. Jh. Christianisierung und erste frühchristliche Kirchenbauten.

372/80 Tod des hl. Zeno, 8. Bischof von Verona.

403 Der Westgotenführer Alarich verschanzt sich in Verona.

476 Odoaker setzt den letzten weströmischen Kaiser ab: Beginn germanischer Herrschaft in Italien.

489 Sieg des Ostgotenführers Theoderich über Odoaker bei Verona.

493-426 Ostgotenreich unter Theoderich dem Großen (= Dietrich von Bern); der König baut in Verona einen Palast (am Colle S. Pietro) und erneuert die öffentlichen Anlagen.

553 Nach dem Untergang des Ostgotenreiches widersetzt sich Verona der Okkupation der Byzantiner, die mit dem Exarchat Ravenna für zweihundert Jahre in Oberitalien Fuß fassen.

568-774 Langobardenreich in Italien.

572 Alboin, erster Langobardenkönig, wird in der Residenz in Verona auf Betreiben seiner Gemahlin Rosmunda ermordet.

774 Sieg Karls des Großen über den letzten Langobardenkönig Desiderius. Das Langobardenreich wird mit dem Frankenreich in Personalunion verbunden. Karl, in Pavia als »Rex Francorum et Langobardorum« gekrönt, setzt seinen Sohn Pippin als König von Italien ein.

807 Translation der Reliquien des hl. Zeno im Beisein König Pippins, der den Neubau von San Zeno fördert.

776-844 Erzdiakon Irenäus Pacificus Initiator einer kulturellen Renaissance in Verona (u. a. Neubau des Doms).

888-962 Italienische Nationalkönige: 888-923 Berengar I. von Friaul. 905 Einnahme Veronas durch Ludwig von Provence; Berengar 923 in Verona ermordet.

926-946 Hugo von Vienne, 946 von Markgraf Berengar von Ivrea vertrieben.

950/51 Nach dem Tod von Lothar, Hugos Sohn und Nachfolger als König von Italien, läßt Berengar (II.) von Ivrea sich und seinen Sohn Adalbert in Pavia krönen. Er setzt Adelheid, die Witwe Lothars, in Rocca di Garda gefangen. Erster Italienzug des deutschen Königs Otto I.: Seine Heirat mit Adelheid und Krönung in Pavia steht am Anfang der Italienpolitik deutscher Kaiser des Hochmittelalters.

967 Reichstag Ottos I. in Verona im Beisein des Bischofs Rather, dessen Episkopat in Verona zweimal durch Rebellionen unterbrochen wird.

1107 Handelsvertrag mit Venedig: erster Schritt zur freien Kommune.

1117 Verheerendes Erdbeben im östlichen Oberitalien. Die weitgehende Zerstörung der Veroneser Kirchen bedingt Neubauten, die im 12. Jahrhundert eine Blüte romanischer Sakralbaukunst entstehen läßt.

1136 Erstmals Wahl von Konsuln in Verona.

1136/38 Meister Nicolò in Verona (Portalanlagen des Domes und von S. Zeno). Der Bau von S. Zeno 1138 vollendet.

1164 Veroneser Städtebund (mit Venedig, Padua, Vicenza, Treviso) gegen Kaiser Friedrich Barbarossa, der 1176 von der Lombardischen Liga bei Legnano geschlagen wird und den Städten kommunale Freiheiten gewähren muß.

um 1200 Meister Briolotus (Radfenster der Fassade von S. Zeno, Taufbecken von S. Giovanni in Fonte).

1226 Ezzelino da Romano wird Podestà von Verona; anschließend

1232-59 Tyrannenherrschaft des Ezzelino da Romano in Oberitalien. Versuche, die

	Kommune zu restituieren, schlagen fehl.
1259-1387	Skaliger-Herrschaft in Verona: 1259-1277 Mastino I. 1277-1301 Alberto I. 1301-04 Bartolomeo 1304-11 Albuino 1312-39 Cangrande I. 1339-51 Mastino II. / Alberto II. (gest. 1352) 1351-59 Cangrande II. 1359-75 Cansignorio
2. Hälfte 13. Jh.	Die neuen Bettelorden etablieren sich in Verona und errichten Kirchen im Stil der Gotik: seit 1275 S. Eufemia (Augustiner) 1290 S. Anastasia (Dominikaner) 1313 Neubau der Oberkirche von S. Fermo (Franziskaner)
1304	Dante, aus Florenz verbannt, findet Aufnahme in Verona am Hof Bartolomeos, später Cangrandes della Scala.

1311/12	Italienzug König Heinrichs VII., von den Skaligern unterstützt; 1311 Krönung zum König von Italien in Pavia, 1312 Kaiserkrönung.
1322-25	Errichtung des mittelalterlichen Mauerrings durch Cangrande della Scala.
1337	Schlacht von Padua: Mastino II. muß große Teile seines Territoriums abtreten.
1354	Baubeginn der Skaliger-Festung Castelvecchio durch Cangrande II.
1387-1402	Die Visconti von Mailand Herren in Verona, 1402-04 die Carrara von Padua.
1405-1796	Verona unter der Hoheit Venedigs; am 24. Juni 1405 Einnahme der Stadt durch die Serenissima.
1444-1520	Gotischer Umbau des Domes.
1459	Mantegnas Altartriptychon in S. Zeno.
1509-16	Intermezzo: Belagerung von Verona durch die Truppen Kaiser Maximilians. Nach Rückkehr zur Domäne Venedigs

Die älteste Stadtansicht von Verona, genannt Iconografia Rateriana, aus dem 10. Jahrhundert. Kopie des 18. Jahrhunderts nach dem verbrannten Original, publiziert von Gian Giacomo Dionisi (1773). Die von der Etsch (ATIESIS) durchflossene Stadt wird aus einer Art Vogelperspektive gesehen. Im Vordergrund erkennt man das Amphitheater (THEATRUM), die Porta Borsari, die Stadtmauer mit ihren Verteidigungstürmen und die Porta Leoni. Hinter der Stadtmauer wird ein Gebäude als HORREUM (Getreidespeicher) bezeichnet. Die Arkaden dürften zum ehemaligen Forum gehören. Der PONS MARMOREUS stellt eine der beiden Römerbrücken dar, wahrscheinlich den Ponte Pietra. Am anderen Etschufer sieht man die Kirche S. Pietro in Castello, das Römische Theater (ARENA MINOR) und den Palast des Theoderich (PALATIUM).

	wird Verona planmäßig befestigt; auf der Piazza Erbe wird die Säule mit dem Markuslöwen errichtet.
ab 1527	Michele Sanmicheli (1484-1559) führender Architekt der Hochrenaissance und des Manierismus in Verona: Palastbau (Palazzo Pompei, 1529; Palazzo Canossa, um 1530; Palazzo Bevilacqua, 1530) Sakralbauten (Cappella Pellegrini an S. Bernardino, Kuppel und Campanile (?) von S. Giorgio in Braida, Entwurf des Dom-Campanile) Festungsarchitektur (Porta Nuova 1539-50; Porta Palio, 1557)
1569	Beginn der systematischen Restaurierung der Arena.
1714	Beginn der Antikensammlung des Marchese Scipione Maffei: ältestes Museum seiner Art in Europa.
1786	Goethe in Verona.
1796-1814	Franzosen-Herrschaft in Verona: Am 1. Juni 1796 Einmarsch der Napoleonischen Truppen in Verona: Ende der venezianischen Herrschaft 1797, 17. April: »Pasqua Veronese«, Aufstand der Veroneser gegen die französische Besetzung 1797 Verona kommt im Frieden von Campoformido an Österreich 1801 Im Vertrag von Lunéville wird die Stadt zwischen Österreich und Frankreich geteilt (der Teil am rechten Flußufer ist französisch, der links der Etsch, »Veronetta« genannt, österreichisch) 1805 Verona Teil des Napoleonischen Königreichs Italien
1814-1866	Österreichische Herrschaft in Lombardo-Venetien. Ausbau der Stadt im Rahmen des Festungsvierecks zur Sicherung der österreichischen Macht.
1834	Beginn der Ausgrabungen des Römischen Theaters durch Andrea Monga; seit 1904 durch die Stadt Verona fortgeführt.
1866	Einzug der Piemonteser Truppen in Verona, von der Bevölkerung jubelnd begrüßt. Verona zum Königreich Italien
1882	Verheerendes Hochwasser der Etsch; anschließend Bau der befestigten Flußufer.
1923	Eröffnung des Museo Archeologico im ehemaligen Kloster S. Girolamo.
1945	Bombardement von Verona.
1958-60	Restaurierung des Castelvecchio und Ausbau des Museums durch den Architekten Carlo Scarpa.

»Völkerherberge« Verona – ein kulturhistorisches Panorama

Es gibt viele Möglichkeiten, Verona zu entdecken. Auch Goethe eilte bekanntlich nach seiner Ankunft am 16. September 1786 sogleich zum Amphitheater, dem für ihn »ersten bedeutenden Monument der alten Zeit«. Verlockend ist es, von hier aus dem Fußgängerstrom ins eigentliche, historische Zentrum zu folgen, um sich – wie Heinrich Heine – auf der Piazza delle Erbe der »bunten Gewalt der neuen Erscheinungen« hinzugeben. Hier, auf dem alten »Kräutermarkt«, wo sich Grandezza und Volkstümlichkeit, Monumente der großen Vergangenheit und lebendiges Marktgeschehen wie selbstverständlich verbinden, präsentiert sich die italienische Piazza in ihrer schönsten Form.

Wenn es in Verona ein Einzelmonument gibt, das für uns heutige Besucher dieselbe Faszination ausübt wie für Goethe die Arena, so ist dies vor allem ein Bauwerk des Mittelalters: die ursprünglich weit vor den Toren der Stadt errichtete Klosterkirche San Zeno, ein Hauptwerk der oberitalienischen Romanik. Mit ihm beginnen speziell kunstinteressierte Reisende gern ihre Verona-Besichtigung.

Wer indes Verona zunächst im Überblick betrachten möchte, wird keinen geeigneteren Standort finden als den Hügel San Pietro, zu dem man sich über die alte Römerbrücke ans andere Etschufer begibt und dann die Stufen seitlich des Römischen Theaters hinaufsteigt. Von hier überblickt man die großen Monumente der Stadt: Beginnend im Süden am linken Etschufer mit San Tommaso, schweift das Auge über San Fermo Maggiore, über die Wehr-, Geschlechter- und Stadttürme bei der Piazza delle Erbe bis zur Kirche Sant' Anastasia, deren imposante Chorgruppe der Etsch und dem Hügel zugewandt ist (Abb. 101); es folgen der Dom, der Bischofspalast und – wieder am linken Etschufer – San Giorgio in Braida mit Sanmichelis dominierender Renaissancekuppel (Abb. 65).

Um ein Uhr in der Nacht kamen wir in Verona an und stiegen im Gasthof »Della Torre« ab. Wir blieben den folgenden Tag, leider nur den folgenden Tag; denn nach dem Wenigen zu urteilen, was ich in so kurzer Zeit in dieser Stadt gesehen habe, könnte ich einen Monat da verweilen, um diese herrliche Natur zu genießen, um diese göttlichen Kunstwerke tief in meine Seele zu prägen. Des Morgens gingen wir zuerst durch die antike Porta dei Borsari nach dem Platze des Amphitheaters.

August Graf von Platen, 13. November 1826

Ansicht von Verona um die Mitte des 19. Jahrhunderts. Ausschnitt aus einer Chromolithographie des Mailänders Artaria, gedruckt in Wien (um 1850).

Von diesem Aussichtspunkt zeigt sich auch die besondere Lage der Stadt: Am Rande der südlichen Alpenausläufer erbaut, durchzogen vom Flußlauf der Etsch, die sich in mehreren Schleifen durch die Hügel winden muß, bevor sie im flachen Land dahinströmen kann, ist Verona zugleich eine Stadt der Hügel und der Ebene – darin Florenz vergleichbar, das ähnlich ausdrucksvoll den Reichtum der Landschaft in sein Stadtbild einbeziehen konnte.

So ist es kein Zufall, daß Verona wie kaum eine andere Stadt der oberitalienischen Ebene dem romantischen Italienbild entsprach. Heute wird man allerdings etwas von dem vermissen, was zur früheren Verona-Begeisterung beitrug: Betrachtet man Stiche oder Fotografien des 19. Jahrhunderts, so muß man feststellen, daß die vor Sant' Anastasia schwimmenden Bootsanlegestellen, die Mühl- und Schaufelräder, die Flöße und Wäscherinnen verschwunden sind. Die Etsch ist jetzt eingemauert, abgekapselt von den Häuserzeilen, die sie einst berührte, vom Leben der Stadt getrennt. Zur Errichtung der Kaimauern entschloß man sich, nachdem der hier noch wilde Gebirgsfluß 1882 die Stadt wieder einmal mit einem verheerenden Hochwasser heimgesucht hatte. Durch diese Eindämmung, aber auch durch die Zerstörungen im Zweiten Weltkrieg und – nicht zuletzt – durch das Werk der Restauratoren im 19. und frühen 20. Jahrhundert hat Verona manches von seiner einstigen malerischen Atmosphäre verloren. Und nur noch an wenigen Stellen – wie an der Piazza Erbe oder in der Via Sottoriva (Abb. 64) – ist noch etwas vom alten malerischen Verona präsent. In jüngster

Blick über die Etsch auf die Chorpartie und den Campanile von S. Anastasia. Die Häuser grenzten damals, vor Befestigung der Ufer, noch unmittelbar an den Fluß, der von Kähnen und Mühlrädern belebt ist. Lithographie von Laurent Isidore Deroy (um 1840), gedruckt bei Lemercier in Paris.

Zeit versucht man jedoch, durch erneute Restaurierungsarbeiten frühere Ergänzungen rückgängig zu machen und – wenn auch fragmentarisch – sich der ursprünglichen Gestalt anzunähern.

Doch bleiben wir zunächst noch auf dem Hügel San Pietro, beim Blick auf die Stadt: Im Miteinander von Monumenten aus zwei Jahrtausenden und in der besonderen geographischen Situation verspürt man den großen Atem Veronas. Man sieht die Stadt aus einer »königlichen« Perspektive: Auf diesem Hügel stand einst der Palast des Gotenkönigs Theoderich; der Langobardenkönig Alboin residierte hier ebenso

Blick über die Etsch auf S. Giorgio in Braida mit der Kuppel von Sanmicheli und dem unvollendet gebliebenen Campanile. Auch hier wird die alte Ufersituation mit den später verschwundenen Häusern anschaulich. Lithographie von Giovanni Brizeghel nach Zeichnung von Marco Moro (um 1850).

wie später die beiden italienischen Nationalkönige Berengar I. und Berengar II.

Der Hügel, der heute von einer Kaserne besetzt und dadurch Verona fast entzogen ist, war bereits besiedelt, bevor die Römer in der Schleife der Etsch ihre Stadt anlegten. Hier oben gab es bereits in vorgeschichtlicher Zeit ein befestigtes Dorf, ein sogenanntes *castelliere*. Verteidigungsmauern solcher Siedlungen blieben in der näheren und weiteren Umgebung Veronas erhalten. Räter und Euganeer sollen laut Plinius dem Älteren dieses Gebiet besiedelt haben (»Rhaetorum et Euganeorum Verona«). Heute nimmt man an, daß es zunächst nur Euganeer waren, zu denen Veneter und Kelten stießen, vereinzelt auch Etrusker. Die Römer errichteten auf diesem Hügel eine Burg (»arx«), auch einen Tempel, dessen Reste um 1850 beim Bau der österreichischen Kaserne entdeckt wurden. Doch sind die Funde auf dem Colle San Pietro allzu spärlich, da der Hügel seit römischer Zeit immer wieder bebaut wurde: Burgen und Festungen der Langobarden, der Skaliger und Visconti, der Venezianer und zuletzt der Österreicher nahmen ihn im Laufe von eineinhalb Jahrtausenden ein.

Das römische Verona

Die eigentliche Geschichte dieser Stadt beginnt mit den Römern, zur Zeit der Republik; wohl 89 v. Chr., im Zuge der *lex Pompeia*, wurde die Kolonialstadt gegründet. Vorausgegangen war der Ausbau der Via Postumia im Jahre 148 v. Chr. durch den Konsul Spurius Postumius Albinus. Diese wichtige West-Ost-Verbindung kam von Genua und führte weiter über Vicenza und Oderzo nach Aquileia, verband also die tyrrhenische mit der adriatischen Küste. Unterhalb des Colle San Pietro mußte die Postumia die Etsch überqueren. Diesen Zweck erfüllte wohl zunächst eine hölzerne Brücke, die bald durch eine steinerne ersetzt wurde. Ungewiß bleibt, ob jene älteste Brücke Veronas identisch ist mit dem noch heute teilweise erhaltenen Ponte Pietra oder aber mit dem etwas weiter flußabwärts erbauten, im Mittelalter zerstörten Pons Postumius, dessen Pfeilerstümpfe bei niedrigem Wasserstand bei der Kirche Sant' Anastasia erkennbar sind.

Bei Verona kreuzte sich die Via Postumia mit der Via Claudia, einer wichtigen, im 1. Jahrhundert n. Chr. ausgebauten Nord-Süd-Verbindung, die durch das Etschtal über Brenner- oder Reschenpaß nach Augsburg führte. Auf dieses Straßenkreuz traf eine weitere, von Turin kommende Konsularstraße, die Gallica (ebenfalls 1. Jh. n. Chr.). Die antike Stadt lag also im Schnittpunkt der Hauptverkehrsachsen, nicht anders als heute. Die günstige Verkehrslage brachte Verona in allen Perioden seiner Geschichte einen Standortvorteil; als Tor zum Norden war die Stadt zudem von größter strategischer Bedeutung: Sie war Kontrollstation über das Etschtal und diente als Bollwerk gegen die aus dem Norden einfallenden Völker. So bedurfte sie trotz des natürlichen Schutzes der Hügel und der Flußschleife stets einer besonderen Befestigung. Mit dem Bau der Stadtmauer hatten schon die Römer begonnen; im Mittelalter von den Skaligern und Visconti erweitert, wurde sie unter der venezianischen Herrschaft erheblich verstärkt. Die Österreicher haben Verona dann im 19. Jahrhundert zu einer regelrechten Festung ausgebaut. Diese Stadt bietet deshalb wie keine zweite reiches Anschauungsmaterial zur Geschichte der Befestigungsarchitektur (vgl. Seite 41 f., 46).

Bei der Gründung der Kolonie nutzten die Römer die große Schleife der Etsch. Die Stadt war somit von drei Seiten praktisch unangreifbar, und es genügten ihr zwei kürzere Mauerabschnitte. Aufgrund dieser geographischen Situation konnte allerdings der Grundriß nicht von derselben Regelmäßigkeit sein wie in den meisten anderen Städten des Imperiums. Der antike Stadtplan von Verona bildete kein Rechteck, doch verliefen auch hier die Straßen parallel, in gleichem Abstand und im rechten Winkel zueinander. Die so entstandenen *insulae* waren nahezu quadratisch, mit einer Seitenlänge von 100 römischen *gradus* (etwa 74 m). Die *cardines* und *decumani* verliefen nicht – wie es die Regel vorsah – in strenger Nord-Süd bzw. Ost-West-Richtung, sondern wichen um 35 Grad von den Himmelsrichtungen ab.

Wie in Neapel, Florenz und vielen anderen ehemaligen Römerstädten lassen sich im heutigen Stadtbild noch weitgehend die Straßenzüge der Antike erkennen. Dem *Decumanus maximus,* über den die Via Postumia durch die Stadt fortgeführt wurde, entspricht der Straßenzug Corso Porta Borsari / Corso S. Anastasia, der jedoch heute bei der gleichnamigen Kirche abbricht. Der nicht mehr erhaltene Pons Postumius setzte ursprünglich die Straße über den Fluß fort. Der *Cardo maximus* entsprach der heutigen Via Cappello und ihrer Verlängerung, der Via Leoni.

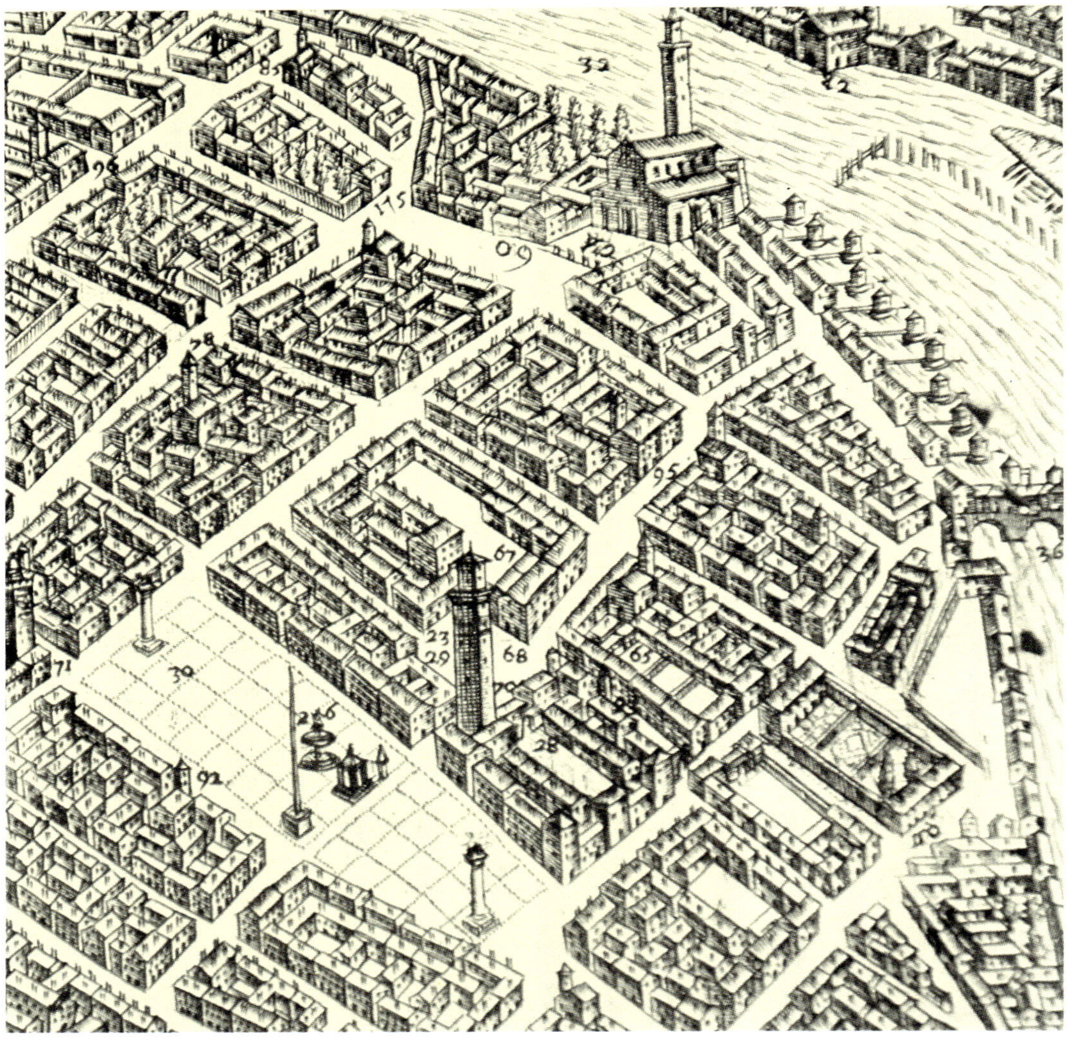

Das historische Zentrum von Verona: im Vordergrund Piazza delle Erbe mit Torre Lamberti, am Fluß die Dominikanerkirche S. Anastasia. Der Plan läßt noch das ursprüngliche, rechtwinklig angelegte römische Straßennetz erkennen. Ausschnitt aus einem Kupferstich von Giovanni Battista Merlo (1671), nach Zeichnung von Pietro Michieli.

Dort, wo die beiden Hauptachsen sich kreuzten, lag wie üblich das Forum, und zwar bei der heutigen Piazza delle Erbe. Die antike Platzanlage erstreckte sich über zwei ganze *insulae,* das heißt, sie hatte dieselbe Länge wie die heutige Piazza, war jedoch beträchtlich breiter; ihre nördliche Begrenzung entsprach der heutigen Via Mazzini. Verona besaß auch einen kapitolinischen Tempel, der auf einer heute noch bestehenden kleinen Anhöhe südwestlich des Forums stand (zwischen Corso Porta Borsari und Via Pelliciai). Von den Thermen der Stadt wissen wir, daß sie von der Familie Iuventia gestiftet wurden und daß Konsul Marcus Norcius Arrius Mucianus 201 n. Chr. ihre Erneuerung finanzierte. Wahrscheinlich hat man sie im Bereich des heutigen Domes zu suchen. Grundmauern von zwei römischen Privathäusern wurden bei der Piazza Nogara freigelegt. Eines davon ist im Keller des alten Gebäudes der Banca Popolare von der Piazza aus einsehbar.

Der Verlauf der Etsch war in römischer Zeit mit der heutigen Situation nicht ganz identisch. Beim Hochwasser des Jahres 589 brach sich der Fluß gleich hinter dem Colle San Pietro ein neues Bett in direkter südlicher Richtung; die nordöstliche Ecke des Stadtgebietes wurde dabei weggeschwemmt, und das alte Flußbett war zum »toten Gewässer« (*aqua morta*) geworden. Zwischen diesem und dem neuen Flußbett bildete sich eine Insel, auf der später die Kirche San Tommaso erbaut wurde. Erst 1890-93 hat man den Kanal des toten Gewässers zugeschüttet, aber noch heute heißt das Viertel um San Tommaso »L' Isolo«.

Beide römischen Stadttore blieben zum Teil erhalten. Errichtet wurden sie in der spätrepublikanischen Epoche (um 49-46 v. Chr.), und zwar in Tuff- und Ziegelstein. Sie präsentieren sich heute jedoch in einer Architektur aus weißem Haustein der Valpantena, die ihnen in claudisch-neronischer Zeit vorgebaut wurde. Die Verblendungen übernahmen zwar die Gliederung des alten Baus, waren jedoch mit diesem nicht materiell verbunden (vgl. Abb. 4). Wie bei römischen Toranlagen üblich, umschlossen zwei im Abstand von ca. 20 m erbaute Schauwände einen Hof. Von der Porta Leoni blieb weniger als die Hälfte der inneren Schauwand zur Stadt hin erhalten. Das Tor hatte ursprünglich zwei Durchgangsbögen, beide von einer Säulen- und Giebelarchitektur gerahmt. Die Attika öffnete sich sich in der Mitte zu einer Exedra. In dieser Dynamisierung der Wand kündigt sich eine Art »barocke« Stiltendenz der römischen Kunst an, die dann in flavischer Zeit einen ersten Höhepunkt erreichte.

Während bei der Porta Leoni noch die ältere Tuff- und Ziegelkonstruktion erkennbar ist (etwa 60 cm zurückversetzt), ist sie beim zweiten Tor aus republikanischer Zeit, der Porta Borsari, unter der kaiserzeitlichen Verkleidung ganz verborgen. Die Bezeichnungen der beiden Tore lassen sich übrigens unterschiedlich erklären: Der Porta Leoni gaben zwei unweit des Tores gefundene Grabfiguren in Gestalt von Löwen (italienisch *leoni*) den Namen; die Porta Borsari hingegen heißt so nach den *borsarii,* den Zolleinnehmern, die im Mittelalter an diesem Tor den Warenzoll einnahmen, auf den der Bischof von Verona Anrecht hatte. Von dieser Toranlage, die ebenfalls einen großen Innenhof umschloß, blieb nur die äußere Schauwand erhalten (Abb. 2-4). Die architektonischen Details – den Wechsel von Segment- und Spitzbogen, die spiralförmige Kannelierung der Säulen – haben Renaissance-Architekten wie Michele Sanmicheli inspiriert (vgl. Abb. 152, 156). Die Inschrift auf dem Architrav ließ Kaiser Gallienus anbringen; sie nennt Verona COLONIA AUGUSTA GALLIENIANA und besagt, daß die Mauern vom 3. April bis 4. Dezember des Jahres 265 von Gallienus erneuert wurden. Die kurze Bauzeit, aber auch die Tatsache, daß bei dieser neuen Mauer das Baumaterial zum Teil von den Nekropolen der Umgebung genommen und daß bei der Konstruktion kaum ästhetische Gesichtspunkte beachtet wurden (vgl. Abb.

6), sind ein Hinweis darauf, daß man einen feindlichen Angriff befürchtete (wohl der Alemannen). Im Abstand von etwa 8-9 m wurden die neuen Mauern vor die alten gesetzt, wobei erstmals auch das Amphitheater in einer großen Schleife einbezogen war.

Zur gleichen Zeit wie die beiden Stadttore und aus den gleichen weißen Steinen der Valpantena ist der Arco dei Gavi errichtet worden (Abb. 8). Hier handelt es sich um ein Ehrenmonument für die *gens Gavia,* ursprünglich eine Bogenanlage mit vier Pylonen und vier Schaufassaden, von denen nur diejenige über der Via Postumia erhalten blieb. Im Jahre 1805 ließen die französischen Besatzungstruppen den Bogen an seinem damaligen Standort in Höhe des Uhrturmes vom Castelvecchio aus verkehrstechnischen Gründen abreißen; sein Baumaterial wurde im Amphitheater deponiert. Wiederaufgebaut hat man ihn 1932, aber nicht mehr an der alten Stelle, sondern an einer Piazza zwischen Corso Cavour und der Etsch (vgl. Abb. 90). Die noch 1,70 m tief im Boden verbliebenen Fundamente wurden ergraben, verlorene Teile, vor allem der Attika, ergänzt. Bei der Rekonstruktion bezogen sich die Architekten unter anderem auf eine Zeichnung von Palladio. Die Inschriften nennen außer einigen Familienmitgliedern der Gavia auch den Namen des Baumeisters: VITRUVIUS ARCHITECTUS. Es handelt sich hier indes nicht um den berühmten Verfasser des zehnbändigen Werkes »De architectura«, wie die Architekten der Renaissance glaubten und daher speziell diesen Bogen studierten. Wie oft man ihn zum Vorbild nahm bei Grabmälern oder Altarbauten, kann man bei einem Besuch von Sant' Anastasia oder San Fermo nachvollziehen.

Innerhalb des Stadtgebietes führten zwei (vielleicht auch drei) Brücken über die Etsch. Während der Pons Postumius wahrscheinlich im Jahre 905 zusammenfiel (er wird in Dokumenten des 10. Jahrhunderts als »fractus« erwähnt), blieben vom Pons Lapideus – heute Ponte Pietra – noch zwei Arkaden am linken Flußufer erhalten (Abb. 9, 10, 65). (Die beiden folgenden Bögen aus Ziegelstein sind Erneuerungen aus dem 16. Jahrhundert, während der erste Bogen am rechten Ufer 1298 von Alberto della Scala errichtet wurde. Allerdings mußte die gesamte Brücke nach ihrer Zerstörung im Jahre 1945 rekonstruiert werden, wobei man weitgehend das ursprüngliche Baumaterial verwendete, das im Flußbett lag.)

Porta dei Leoni. Rekonstruktionsversuch des 16. Jahrhunderts.

Porta Borsari. Kupferstich von Francesco Zucchi, aus »Varie Fabriche antiche e moderne della Città di Verona« von Dionisio Valesi (1753).

Ansicht des Colle San Pietro mit der Bebauung, die später der Ausgrabung des Römischen Theaters weichen mußte. Auf der Höhe das alte Visconti-Kastell, unten die unmittelbar an den Fluß grenzenden Häuser. Aquatinta aus der Calcografia Benassuti nach Zeichnung von L. Svidercoschi (1832).

Am anderen Ufer der Etsch, genau zwischen den beiden Brücken, erhob sich am Hang des Colle San Pietro das Römische Theater (Abb. 10-14). Die riesige, 130 m breite, 50 m hohe Bühnenwand war auch zum Fluß und zur Stadt hin als monumentale Schauwand gestaltet. Für ein Drittel der Zuschauerränge konnte die natürliche Hanglage am Colle San Pietro genutzt werden, für den übrigen Teil der *cavea* errichtete man tonnengewölbte Substruktionen. Erhalten (bzw. rekonstruiert) ist nur der untere Teil des Stufenbaus, die *ima cavea*. Abgeschlossen wurde das Theater von einem zweigeschossigen Wandelgang; Teile davon sind im ehemaligen Konvent San Girolamo, dem jetzigen Museo Archeologico, erhalten; einige Arkaden wurden freistehend rekonstruiert. Über diesen Galerien hatte man noch zwei Terrassen angelegt, so daß der gesamte Hang monumental gestaltet war und zusammen mit den Brücken und dem Fluß ein grandioses Szenarium bot.

Um den Stufenbau vor den Wasseradern des Hügels zu schützen, mußte ein riesiger, etwa 120 m langer, 18 m tiefer und 2 m breiter Zwischenraum angelegt werden. Mit dem ausgehobenen Material wurde der Bau begonnen, doch bald mit wetterfestem Marmor fortgeführt. All diese Vorsorge-Maßnahmen haben jedoch nicht verhindern können, daß das Theater dem Hochwasser der Etsch und auch Erdschüben ausgesetzt war und bald verfiel. Schon im frühen Mittelalter wurde daher das Areal überbaut. Im Jahre 905 errichtete man die noch heute bestehende Kirche Santi Siro e Libera, später auch Wohnhäuser und den Konvent San Girolamo. Als Goethe 1786 Verona besuchte, wußte er nichts von der Existenz eines römischen Theaters. Die Ausgrabungs- und Restaurierungsarbeiten begannen erst 1834, zunächst in einer privaten Initiative von Andrea Monga. Im Zuge weiterer Grabungskampagnen ab 1904, als die Stadt deren Leitung übernommen hatte, konnten die unteren 25 Reihen der *cavea* freigelegt und der Theaterbezirk mit Ausnahme der Kirche und des Klosters von späterer Bebauung befreit werden. 1923 eröffnete das Museo Civico Archeologico im ehemaligen Kloster San Girolamo seine Pforten: eine sehenswerte Dokumentation des römischen Verona, dessen Besuch überdies schöne Panoramablicke über die Stadt bietet (Abb. 15-17).

An der Piazza Bra steht Veronas berühmtestes römisches Bauwerk: das Amphitheater (Abb. 20-24). Selbst in den riesigen Ausmaßen, in denen sich der Bau heute präsentiert, ist er nur Fragment. Es fehlt nahezu die gesamte äußere Ringmauer mitsamt den dreigeschossigen tonnengewölbten Umgängen und den obersten Zuschauerrängen. Von der 29 m hohen Außenwand blieben nur vier von insgesamt 72 Achsen erhalten. »Ala« (Flügel) nennen die Veroneser dieses kurze Wandstück. Die jetzige Außenmauer trat also ursprünglich gar nicht in Erscheinung und blieb daher als innere Stützmauer ohne Säulen- oder Pilasterdekor. Wie üblich, verwendeten die Römer verschiedene Materialen. Das weiße und rote Gestein der mächtigen Quader stammt aus den Brüchen der Valpolicella (S. Ambrogio und Domigliara); für die Gewölbe verwendete man Zement und Bruchstein.

Mit einer Längsachse von ursprünglich 152 m ist das Amphitheater von Verona eines der größten des Römischen Reiches – nach dem Kolosseum in Rom (Länge 188 m) und den etwa gleich großen Amphitheatern von Capua und Pozzuoli. Es war wie andernorts bestimmt für Zirkusspiele, Tierhetzen und Gladiatorenkämpfe. Über das Schicksal der Gladiatoren unterrichten uns Veroneser Grabsteine: So starb ein gewisser Edonus im Alter von 21 Jahren nach acht Kämpfen; Gaucus aus Modena starb dreiundzwanzigjährig, ebenfalls in seinem achten Kampf. Ein Brief von Plinius dem Jüngeren an seinen Veroneser Freund Maximus (etwa aus dem Jahr 100 n. Chr.) gibt Zeugnis vom Anlaß eines solchen Gladiatorenkampfes:

Das Römische Theater zu Beginn der Ausgrabung von Andrea Monga; oberhalb der Weingärten das Kloster San Girolamo und der Turm des alten Visconti-Kastells. Lithographie von Giovanni Brizeghel nach Marco Moro (um 1850).

»Du hast recht daran getan, erstklassige Gladiatorenkämpfe unseren Veronesern zu bieten, von denen du so lange schon geliebt, geachtet und verehrt wirst. Von ihnen stammte ja deine so innig geliebte und bewährte Gattin, deren Andenken du irgendein Denkmal oder Schauspiel schuldig warst, namentlich ein solches, wie es sich für eine Leichenfeier gehört. Überdies wurdest du auch so einstimmig darum gebeten, daß die Abschlagung der Bitte nicht als Charakterfestigkeit, sondern als Mangel an Gefühl erschienen wäre. Auch das war vortrefflich, daß du dich ebenso willig als freigebig gezeigt hast; denn auch hierin erweist sich eine große Seele. Ich hätte nur gewünscht, daß die afrikanischen Panther, deren du so viele gekauft hast, rechtzeitig angekommen wären. Indes, wenn sie auch, durch einen Sturm auf dem Meer aufgehalten, nicht eintrafen, so hast du dir gleichwohl Dank verdient, da es ja nicht deine Schuld war, daß du nicht mit den Tieren aufwarten konntest. Lebe wohl!«

Im Jahre 325 ließ Kaiser Konstantin die Gladiatorenkämpfe verbieten. Endgültig aufgehoben wurden sie dann unter Kaiser Honorius im Jahre 404. Ihrer Funktion beraubt, galt die Arena im Mittelalter als ein Werk des Teufels, als »ein Labyrinth, erbaut von niederträchtigen Menschen«. Wahrscheinlich bei den Erdbeben von 1117 und 1183 stürzten große Teile des äußeren Mauerrings ein. Bereits im 14. Jahrhundert erließen die Skaliger, die die Arena als Hinrichtungsstätte benutzten, Statuten zur Erhaltung des Bauwerks; doch konnten auch sie nicht verhindern, daß es weiterhin als Steinbruch ausgebeutet wurde.

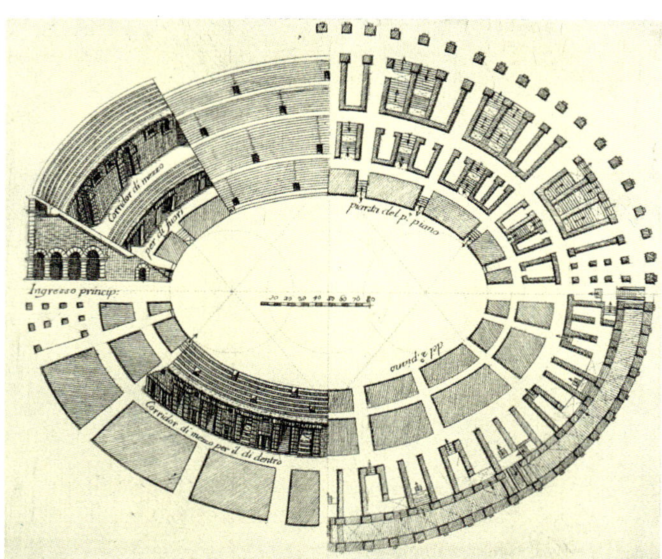

Grundriß des Amphitheaters. Kupferstich, aus »Varie Fabriche antiche e moderne della Città di Verona« von Dionisio Valesi (1753).

Das Amphitheater ist also das erste bedeutende Monument der alten Zeit, das ich sehe, und so gut erhalten! Als ich hineintrat, mehr noch aber, als ich oben auf dem Rande umherging, schien es mir seltsam, etwas Großes und doch eigentlich nichts zu sehen. Auch will es leer nicht gesehen sein, sondern ganz voll von Menschen, wie man es neuerer Zeit Joseph dem Zweiten und Pius dem Sechsten zu Ehren veranstaltet .... Doch nur in der frühesten Zeit tat es seine ganze Wirkung, da das Volk noch mehr Volk war, als es jetzt ist. Denn eigentlich ist so ein Amphitheater recht gemacht, dem Volk mit sich selbst zu imponieren, das Volk mit sich selbst zum besten zu haben.

Wegen der Unterhaltung müssen die Veroneser gelobt werden. Es ist von einem rötlichen Marmor gebaut, den die Witterung angreift, daher stellt man der Reihe nach die ausgefressenen Stufen immer wieder her, und sie scheinen fast alle ganz neu. Eine Inschrift gedenkt eines Hieronymus Marigenus und seines auf dieses Monument verwendeten unglaublichen Fleißes. Von der äußern Mauer steht nur ein Stück, und ich zweifle, ob sie je ganz fertig geworden. Die untern Gewölbe, die an den großen Platz, il Brà genannt, stoßen, sind an Handwerker vermietet, und es sieht lustig genug aus, diese Höhlungen wieder belebt zu sehen ....

Ich ging auf der Kante des amphitheatralischen Kraters bei Sonnenuntergang, der schönsten Aussicht genießend über Stadt und Gegend. Ich war ganz allein, und unten auf den breiten Steinen des Brà gingen Mengen von Menschen: Männer von allen Ständen, Weiber vom Mittelstande spazieren. Diese letztern nehmen sich in ihren schwarzen Überkleidern aus dieser Vogelperspektive gar mumienhaft aus.

Johann Wolfgang Goethe, 16. September 1786

Erst 1569, unter der Regierung der Serenissima, begannen systematische Restaurierungsarbeiten. Dabei wurde der römische Stufenbau vollständig erneuert und entschieden verändert. Ohne Rücksicht auf die ursprüngliche Unterteilung in drei oder vier Ränge erbaute man die 41 Stufenreihen jetzt in ununterbrochener Folge. Die Ehrentribünen, in römischer Zeit inmitten der Breitseiten des Ovals, wurden in die Längsachse verlegt, über die Tore zum Spielfeld. Nach der Erneuerung – so berichtet Carlo Goldoni – wurde die Arena für jegliche Art von Zurschaustel-

Piazza Bra und das Amphitheater in einer Lithographie von Laurent Isidore Deroy, gedruckt bei Lemercier in Paris (um 1840).

lung (»spettacoli di tutte le specie«) benutzt: »... Turniere, Wettkämpfe, Stierkämpfe, im Sommer Komödien, für die kein anderes Licht als das natürliche des Tages benutzt wird. Man erbaute daher in der Mitte, auf einem sehr soliden Gerüst, ein Bühnenhaus, das im Winter ab- und zu Beginn der neuen Saison wieder aufgebaut wird, und die meisten Gruppen Italiens kommen abwechselnd hierher, um ihre Talente vorzuführen.« Die Stierkämpfe wurden bis ins 19. Jahrhundert zu Ehren illustrer Besucher wie Kaiser Joseph II. oder Napoleon veranstaltet, wobei man abgerichtete Bluthunde auf die Stiere ansetzte. Zu Weltruf gelangten die sommerlichen Opernfestspiele, die 1913 mit Verdis »Aida« eröffneten und seither alljährlich ein internationales Publikum nach Verona locken (Abb. 24).

Über das Amphitheater von Verona haben viele gesprochen; man hat dort Platz genug zu Betrachtungen, und es giebt keine Betrachtungen, die sich nicht in den Kreis dieses berühmten Bauwerks einfangen ließen. Es ist ganz in jenem ersten thatsächlichen Stil gebaut, dessen Schönheit in der vollendeten Solidität besteht, und, wie alle öffentlichen Gebäude der Römer, einen Geist ausspricht, der nichts anderes ist als Geist von Rom selbst.

Heinrich Heine, »Reise von München nach Genua«, 1828

Auf den Spuren von Goten, Langobarden und Franken

Seit dem 4. Jahrhundert gibt es Hinweise auf die Christianisierung Veronas: Im Jahre 304 erlitten die aus Bergamo stammenden Heiligen Firmus und Rusticus das Martyrium unter Kaiser Maximian. Der zwischen 372 und 380 verstorbene hl. Zeno, der spätere Patron der Stadt Verona, gilt als ihr achter Bischof. Während seiner Amtszeit wurde wahrscheinlich die älteste Vorgängerkirche des heutigen Domes erbaut, die sogenannte Kirche A, deren Grundmauern 1969/70 im Bereich des Domkreuzgangs und der Kirche Sant' Elena ausgegraben wurden. Eine zweite, wesentlich größere Kirche folgte an gleicher Stelle im frühen 5. Jahrhundert. Dennoch ist es nicht wahrscheinlich, daß es sich hierbei um die Bischofskirche handelte. Diese wird vielmehr in Santo Stefano vermutet; dafür spricht unter anderem auch die für Domkirchen typische Lage an einer der Ausfallstraßen der Stadt.

Ein Sakralbau, der trotz seiner späteren Veränderungen noch eine gute Vorstellung von einem frühchristlichen Kultraum vermittelt, ist SANTE TEUTERIA E TOSCA (bei Santi Apostoli). Er wurde als Märtyrergrab (Martyrium) eines unbekannten Heiligen errichtet, und zwar über dem Grundriß eines griechischen Kreuzes, vergleichbar dem Mausoleum der Galla Placidia in Ravenna. Erst im Jahre 751 ist das Kirchlein den heiligen Jungfrauen Tosca und Teuteria geweiht worden, die – nach der Legende – sich in

Altes Stadtsiegel von Verona mit einer phantastischen Darstellung des Theoderich-Palastes. Aus »Verona illustrata« von Scipione Maffei (1792).

Verona, die uralte, weltberühmte Stadt, gelegen auf beiden Seiten der Etsch, war immer gleichsam die erste Station für die germanischen Wandervölker, die ihre kalt-nordischen Wälder verließen und über die Alpen stiegen, um sich im güldenen Sonnenschein des lieblichen Italiens zu erlustigen. Einige zogen weiter hinab, anderen gefiel es schon gut genug am Orte selbst, und sie machten es sich heimatlich bequem und zogen seidne Hausgewänder an und ergingen sich friedlich unter Blumen und Zypressen, bis neue Ankömmlinge, die noch ihre frischen Eisenkleider anhatten, aus dem Norden kamen und sie verdrängten – eine Geschichte, die sich oft wiederholte und die von den Historikern die Völkerwanderung genannt wird.

Wandelt man jetzt durch das Weichbild Veronas, so findet man überall die abenteuerlichen Spuren jener Tage sowie auch die Spuren der älteren und späteren Zeiten. An die Römer mahnt besonders das Amphitheater und der Triumphbogen; an die Zeit des Theoderichs, des Dietrichs von Bern, von dem die Deutschen noch singen und sagen, erinnern die fabelhaften Reste so mancher byzantinisch vorgotischen Bauwerke; tolle Trümmer erinnern an König Alboin und seine wütenden Langobarden; sagenreiche Denkmale mahnen an Carolum Magnum, dessen Paladine an der Pforte des Doms ebenso fränkisch roh gemeißelt sind, wie sie gewiß im Leben gewesen – es will uns bedünken, als sei die Stadt eine große Völkerherberge, und gleichwie man in Wirtshäusern seinen Namen auf Wand und Fenster zu schreiben pflegt, so habe dort jedes Volk die Spuren seiner Anwesenheit zurückgelassen.

Heinrich Heine, »Reise von München nach Genua«, 1828

eine Höhle bei Verona zurückgezogen hatten. Als ein Prinz zu ihnen vordringen wollte, verschloß sich der Eingang ihrer Höhle durch ein dichtes Spinnengewebe. Das Gebet der Teuteria soll den Prinzen zum Christentum bekehrt haben.

Über kreuzförmigem Grundriß erstand auch die Kirche Santi Nazaro e Celso: ein im Tuffstein des Monte Costiglione ausgehöhltes, zum Teil auch gemauertes unterirdisches Heiligtum, dessen Datierung zwischen dem 4. und 6. Jahrhundert schwankt.

Aufgrund der bereits erwähnten exponierten Lage als »Tor Italiens« wurde Verona in der Völkerwanderungszeit mehrfach umkämpft. Der Westgotenführer Alarich war einer von vielen, die sich in der Stadt verschanzten. Nach der Zerstörung von Aquileia durch Attila war Verona die einzige befestigte Stadt Oberitaliens, von der aus sowohl das Etschtal als auch die oberitalienische Ebene kontrolliert werden konnten. Dies war der Hauptgrund, warum sich der Ostgotenkönig Theoderich häufig und für längere Zeit in dieser Stadt aufhielt, nachdem er unweit von Verona (bei San Martino di Buon Albergo) Odoaker, den neuen germanischen Herrn Italiens, ein zweites Mal besiegt und nach dessen Ermordung 493 das Ostgotenreich in Italien begründet hatte. Wie in Ravenna oder Spoleto betätigte sich Theoderich dabei auch hier als *restaurator* nicht nur der Verteidigungsanlagen, sondern auch des Aquädukts, der Thermen und Kirche Santo Stefano (vgl. Abb. 62), deren ursprünglichen Bau Theoderich wahrscheinlich aus verteidigungstechnischen Gründen hatte abreißen lassen. Daß der Ostgotenkönig übrigens in der germanischen Heldensage Dietrich von Bern (= Verona) genannt wird erklärt sich durch die Lautverschiebung von v zu b: Bearn heißt die Stadt noch heute im Zimbrischen, dem altbayerischen Dialekt der Dreizehn Gemeinden der Monti Lessini.

Nachdem die Langobarden im Jahre 568 im Friaul eingefallen waren, nahmen sie auch Verona ein. König Alboin bewohnte den Palast Theoderichs. Laut Paulus Diaconus, dem langobardischen Geschichtsschreiber, war dieser Palast Schauplatz eines makabren Ereignisses: Alboin soll seine Gemahlin Rosmunda gezwungen haben, aus einer Schale zu trinken, die aus dem Schädel ihres Vaters, des Gepidenkönigs Kunimund, gefertigt worden war. Rosmunda rächte sich und ließ Alboin töten. Unter einer Treppe in der Nähe des Palastes soll er begraben worden sein.

Bevor die Langobarden sich zum Katholizismus bekehrten, gründeten sie am linken Etschufer San Giovanni in Valle (vgl. Abb. 55, 56), das zur Bischofskirche der Arianer bestimmt wurde, während Santo Stefano weiterhin Kathedrale der Katholiken war. Die langobardische Königsherrschaft in Italien endete 774 mit dem Sieg Karls des Großen über Desiderius: Karl, nun *rex Francorum et Langobardorum,* bestimmte seinen vierjährigen Sohn Pippin zum König von Italien – auf das Recht der Nachfolge sollten sich nach Aussterben der Karolinger und nach dem Intermezzo der Nationalkönige die deutsch-römischen Kaiser berufen. Auch Pippin, der vornehmlich in Pavia residierte, hielt sich häufig in Verona auf, gründete hier mehrere Kirchen und förderte den Neubau von San Zeno. Es war die Zeit, als in Verona der Erzdiakon Irenäus Pacificus (776-844) eine Renaissance der Kultur einleitete, wobei er unter anderem das seit dem 5. Jahrhundert bestehende Scriptorium förderte, aus dem die heutige Kapitularbibliothek hervorging. Pacificus kopierte eigenhändig 218 Codices. Auch der Kirchenbau erlebte eine Blüte: Der Dom und Sant' Elena, damals noch dem hl. Georg geweiht, wurden unter ihm erneuert.

Italienische Nationalkönige und deutsche Kaiser

Mit dem Zusammenbruch der karolingischen Macht in Italien (Karl III. der Dicke, 881 zum Kaiser gekrönt, wird 887 abgesetzt) beginnt für Oberitalien die unruhige Zeit der Nationalkönige. Prätendenten unterschiedlicher Herkunft – aus Burgund, der Provence, Markgrafen von Friaul und Ivrea – rivalisieren um Macht und Königstitel. Die Markgrafschaft Verona war Bestandteil des alten langobardischen Herzogtums Friaul, und die Nationalkönige Berengar (I.) von Friaul und Berengar (II.) von Ivrea residierten häufig in der Stadt. Bis zum Tode Berengars I. (924) war Verona sogar so etwas wie eine Hauptstadt: Von hier aus plante der König seine strategischen Maßnahmen während der überaus konfliktreichen Jahre seiner Herrschaft. Damals war Verona Schauplatz der Auseinandersetzungen zwischen Berengar I. und Ludwig III. von der Provence: Vom Veroneser Adel gegen den Machthaber herbeigerufen, nahm Ludwig 905 Verona ein, um jedoch noch im selben Jahr von seinem Rivalen Berengar überwältigt und geblendet zu werden.

Mit Berengar II., dem Enkel Berengars I., verbindet sich die Geschichte der jungen Adelheid, Witwe König Lothars von Italien: Da sie eine Ehe mit seinem Sohn Adalbert ablehnte, wurde sie von Berengar 951 in Rocca di Garda gefangengesetzt, von wo sie jedoch fliehen konnte. Sie vermählte sich mit dem deutschen König Otto I., der über die Alpen gekommen war, um die Bedrängte zu befreien und in Pavia die Krone der Langobarden zu nehmen. Dies war der Anfang der Italienpolitik deutscher Kaiser des Hochmittelalters, deren Auswirkungen gerade Verona in seiner geographischen Schlüsselposition nachhaltig zu spüren bekommen sollte. Otto verband das Herzogtum Friaul und mit ihm die Markgrafschaft Verona zur Sicherung der Alpenpässe 952 mit Bayern. Schon bald zeigte sich, daß Verona ein Vorposten der kaiserlichen Macht in Italien werden sollte. Bereits Otto I. hielt Reichstage in Verona ab, 967 unter Mitwirkung des reformbewußten Bischofs Rather, den die Veroneser im Laufe seines Episkopats zweimal absetzten. Die Benediktinerabtei von San Zeno war in der Folgezeit oftmals Schauplatz von Reichstagen und königlichen Gerichtssitzungen, so 1021, als Kaiser Heinrich II. in Gegenwart des Patriarchen von Aquileia und mehrerer Bischöfe Gericht hielt. Nur ein einziges Mal ist Verona später in Gegnerschaft zum Reich getreten: Als der Stauferkaiser Friedrich Barbarossa mit seinem Heer in die Po-Ebene zog, um die alten Reichsrechte in Italien geltend zu machen, da verband sich Verona mit Venedig, Padua, Vicenza und Treviso zur sogenannten Liga von Verona. Dieser Veroneser Städtebund von 1164 war eine Art Vorspiel zur Lombardischen Liga, die 1176 das kaiserliche Heer bei Legnano besiegte und damit der Entwicklung der freien Kommunen in Italien Vorschub leistete. Nach dem Friedensschluß von Konstanz (1184) konnte auch Friedrich in Verona einziehen und tagte »mit großer Kurie« im Kloster San Zeno.

Die lokalen Machtbefugnisse lagen seit der Zeit der Karolinger-Herrschaft weitgehend in der Hand der Grafen von Verona. Auch wenn dieses Amt nicht erblich war, so blieb es dennoch seit dem frühen 10. Jahrhundert bis zur Bildung der freien Kommune in Händen einer einzigen Familie: der Sambonifacio. Im Jahre 1136 wurden zum erstenmal vier Konsuln gewählt, zunächst ohne daß die Rechte des Grafen damit eingeschränkt waren. Die volle kommunale Autonomie erlangte Verona aber erst im späten 12. Jahrhundert.

San Zeno und die Veroneser Romanik

Die Ausbildung der kommunalen Selbstverwaltung fällt zusammen mit der Erneuerung der Veroneser Kirchen. Ausschlaggebend dafür war indes nicht das neue politische Selbstbewußtsein, sondern ein allgemein wachsender Wohlstand – und nicht zuletzt eine Naturkatastrophe: Im Jahre 1117 nämlich wurde das gesamte östliche Oberitalien von einem starken Erdbeben erschüttert. Der Schaden an den Veroneser Kirchen war so groß, daß Neubauten notwendig wurden, die in den meisten Fällen größer und aufwendiger ausfielen als die Vorgänger. Es ist nun bemerkenswert, daß diese gleichzeitig entstandenen romanischen Kirchenbauten sich in ihrem Erscheinungsbild beträchtlich unterscheiden, was nicht nur daraus zu erklären ist, daß in dem einen oder anderen Fall auf bestehende Fundamente Rücksicht genommen werden mußte. Ein Grund liegt auch darin, daß verschiedene Werkstätten und Stilströmungen miteinander wetteiferten. Eines ist den Veroneser Bauten des 12. Jahrhunderts jedoch gemeinsam: die Mauertechnik, das heißt, der Wechsel von Ziegel- und Tuffsteinlagen und die dadurch bedingte chromatische Wirkung. Nur vorübergehend – etwa zwischen 1130 und 1160 – wurden ausschließlich Tuffquader bevorzugt (W. Arslan). Vorbild für die Mauertechnik war den Veroneser Baumeistern offensichtlich die altrömische Architektur der Stadt.

Um das Jahr 375 verstarb in Verona der aus Nordafrika stammende Bischof Zeno, der spätere Stadtheilige. Wohl unmittelbar nach seinem Tode errichtete man ihm eine Gedenkstätte. Es war der erste von vier (vielleicht auch fünf) Vorgängerbauten der jetzigen romanischen Kirche San Zeno, die nach mehreren Zerstörungen im Laufe der Jahrhunderte aufeinander folgten.

589 berichtet Papst Gregor der Große von einem postumen Wunder des hl. Zeno: Das Hochwasser der Etsch überschwemmte die Stadt, drang aber weder durch die Türen noch durch die Fenster in das Innere der damaligen Kirche, in der Gläubige Schutz gesucht hatten. Auch als diese die Tür öffneten, um vom Wasser zu trinken, »mußte es dort stehenbleiben, um alle die Verdienste des Heiligen zu zeigen« (Gespräche III,19). Bei diesem »wunderbaren« Bau dürfte es sich um den zweiten, von Theoderich restaurierten gehandelt haben, der dann 804 von »Ungläubigen« (»infedelibus hominibus« – wohl Awaren) zerstört, bald darauf aber wiederaufgebaut wurde. Die Weihe der nun wohl dritten Vorgängerkirche erfolgte in Gegenwart des Frankenkönigs Pippin, der den Bau großzügig gefördert und dem Kloster Handschriften geschenkt hatte. Bei der Translation der Reliquien des hl. Zeno in den neuen Bau am 21. Mai 807 waren außer dem König und dem Veroneser Klerus auch die Bischöfe von Cremona und Salzburg zugegen. Die Gebeine des Stadtpatrons zu tragen, wurden allein zwei Einsiedler vom Monte Baldo, Benignus und Carus, für würdig befunden. Nach einer neuerlichen Zerstörung von Kirche und Kloster durch die Ungarn um 900 kam es sehr bald wieder zu einem Neubau, der bereits die heutige Breite hatte. Zu den Förderern zählten die italienischen Nationalkönige Rudolf von Hochburgund (929) und Hugo von Vienne (926) sowie der deutsche König und Kaiser Otto I.

Die der Kirche angeschlossene Benediktinerabtei San Zeno dürfte in karolingischer Zeit gegründet worden sein. Erstmals erwähnt wird sie nach der Zerstörung im Jahre 804. Im 14. Jahrhundert kam es zum religiösen Verfall, so daß der »Abt und Pfründtner« Marco Emilei Mönche von St. Quirin am Tegernsee und St. Ulrich in Augsburg kommen ließ. Die deutschen Mönche behielten das Kloster bis zum Pestjahr 1630. Das Konventsgebäude wurde nach der Säkularisierung des Klosters im frühen 19. Jahrhundert abgerissen. Erhalten blieben nur der Kreuzgang (Abb. 34-36) und der massige Turm der Wehranlage.

Es ist anzunehmen, daß der jetzige Kirchenbau nach dem schweren Erdbeben von 1117 begonnen

Jenseits des Kastells, am Wasser hin, geht der Weg nach der Kirche San Zeno, die größte und älteste, auch merkwürdigste der Stadt ... Äußerlich besteht sie aus Schichten von gelbweißlichem und rötlichem Marmor, hat einen schönen hohen Turm, viele feine Säulchen zur Verzierung, ein Marmorportal mit Skulpturen von großen Tieren und zur Seite an den Wänden Basreliefs aus dem Alten und Neuen Testament, ebenso roh als die bronzenen Türen, mit einer Unzahl barbarischer Hautreliefs. Das Mauerwerk dagegen ist sehr sauber und schön ausgeführt.

Karl Friedrich Schinkel, 15. November 1824

Blick auf die Fassade von San Zeno und den Turm des zugehörigen Benediktinerklosters. Lithographie von A. S. Aulaire, gedruckt bei Lemercier in Paris (Mitte 19. Jh.).

wurde. Gesichert ist jedenfalls seine Vollendung im Jahre 1138, und zwar durch eine Inschrift an der südlichen Seitenmauer, die besagt, daß der Campanile 1178 errichtet wurde, »vierzig Jahre nach Vollendung der Kirche«. Schon Jakob Burckhardt hat San Zeno als »edelsten romanischen Bau Oberitaliens« gewürdigt. Besonderes Interesse verdient die Fassade (Abb. 25), deren Beschreibung deshalb hier breiten Raum einnimmt. Zwei über Eck gestellte schlanke Riesenpilaster markieren die basilikale Dreiteilung, ohne daß die Fassade in der Höhe dem dahinterliegenden Langhaus entspricht, so daß es sich strenggenommen um eine Schaufassade handelt. In der Flächenkomposition dominieren die Vertikalen:
schmale Lisenen sind über die ganze Fassade gespannt, während der Blendbiforienfries als horizontales Element hier zurücktritt. Bei der Fassade von San Zeno »spricht sich früher als sonst irgendwo die Neigung zum Schlanken und Strebenden aus« (Jakob Burckhardt). Die Rose gilt als die älteste im romanischen Kirchenbau Italiens; in ihrer beträchtlichen Größe gibt sie der Fassade einen entschiedenen Akzent. Sie ist nicht nur Lichtquelle und Abbild der Sonne, sondern stellt, wie die Reliefs zeigen, ein Glücksrad dar, das den Menschen hebt, dann aber in die Tiefe stürzt und kopfüber fallenläßt, um ihn dann vielleicht wieder aufzurichten. Die Inschriften sind nur in Spuren erhalten: »Nur ich, Fortuna, regiere die Sterblichen, ich erhebe und stürze, gebe allen Gutes und Böses.« Und: »Ich kleide die Nackten, entkleide die Bekleideten. Wer sich auf mich verläßt, wird ausgelacht.« Meister Briolotus hat das Rad um 1200 geschaffen und signiert. Man begegnet dem Stil dieses Bildhauers auch im Inneren der Kirche, am Marmor-Taufbecken.

Der bildhauerische Schmuck im Bereich des Portals wie auch des Baldachinvorbaus stammt aus der Werkstatt des Nicolò, der hier von 1136 bis 1138 gearbeitet haben dürfte. Dieses Datum ist zwar urkundlich oder inschriftlich nicht belegt, aber doch wahrscheinlich, denn Nicolò hat im Jahre 1139 am Dom von Verona seine Signatur hinterlassen und einige Jahre zuvor, 1135, seine Arbeiten am Dom von Ferrara beendet. Eine Entstehungszeit der Portalanlage um 1138 könnte bestätigt werden durch die erwähnte Inschrift, die Bezug nimmt auf die Vollendung der Kirche. Bemerkenswert ist dieses Datum auch aus einem anderen Grunde, weil nämlich 1136 in Verona zum erstenmal Konsuln gewählt wurden. Auf diesen wichtigen Schritt zur Stadtfreiheit, zur Konstituierung der Kommune, nimmt das Tympanonrelief Bezug (Abb. 30). Laut Inschrift ist hier dargestellt, wie der hl. Zeno dem Volk von Verona die Fahne überreicht. Betrachtet man dieses Relief genauer, sieht man Berittene und Fußtruppen, also Vertreter der beiden Stände, des Adels und des aufstrebenden Bürgertums dem Heiligen huldigen, der über den Drachen gesiegt hat; sie heben ihre Fahnen, um ihren Patron und damit ihre Stadt zu verteidigen.

Der Portalanlage von San Zeno liegt kein einheitliches Bildprogramm zugrunde. Man scheute sich nicht, Legenden des Titelheiligen, biblische Themen und auch profanes Gedankengut nebeneinander zu zeigen. Szenen aus dem Leben des hl. Zeno erscheinen unterhalb des erwähnten Tympanonreliefs, ein weiteres Mal in Bronze auf dem rechten Portalflügel. Allegorische Darstellungen der Monate durch die jahreszeitlich wiederkehrenden Tätigkeiten finden sich an den Architraven des Baldachins; an den Stirnseiten stehen Johannes der Evangelist und Johannes der Täufer, auf das Lamm Gottes weisend (Abb. 30).

Die Marmorreliefs rechts vom Portal zeigen die Menschheitsgeschichte in alttestamentarischen Szenen, beginnend – merkwürdigerweise – mit der Erschaffung der Tiere. Sie sind von Nicolò signiert, ausgeführt jedoch von einem qualifizierten Gehilfen. Die Reliefs mit Szenen aus dem Leben Jesu – von der Verkündigung seiner Geburt bis zur Kreuzigung – links vom Portal (Abb. 29) hat ein Meister namens Guglielmus signiert. An beiden Portalseiten erscheinen zuunterst profane Themen: rechts zwei Duelle, von denen eines als Kampf zwischen Odoaker und Theoderich gedeutet wird, links die Legende des Gotenkönigs Theoderich, der bei der Jagd einem Hirschen bis in den Höllenschlund folgte (Abb. 28).

Die berühmten Bronzetüren von San Zeno sind nicht als Ganzes gegossen, sondern, wie in Italien üblich, als einzelne Bronzeplatten, die auf eine Holzunterlage montiert wurden (Abb. 26, 27). Die 48 quadratischen Bronzereliefs stammen aus zwei verschiedenen Werkstätten. Die älteren – 23 auf dem linken sowie fünf auf dem rechten Flügel – werden früher datiert als die Portalanlage, also »vor 1138«. Sie sind von expressiver Kraft, grundverschieden von den Marmorreliefs der Portalanlage aus der Werkstatt des Nicolò wie auch anderen bildnerischen Darstellungen in Italien. Man hat deshalb (wegen der stilistischen Nähe zu der in Magdeburg gegossenen, heute an der Sophienkathedrale in Novgorod befindlichen Bronzetür) an eine sächsische Werkstatt gedacht, die diese Reliefs modelliert und gegossen hätte. In ihrer Drastik und »naiven« Ausdruckskraft mußten sie auf spätere Betrachter befremdend wirken: Der Veroneser Gelehrte Scipione Maffei und der klassizistische Architekt Karl Friedrich Schinkel fanden sie »barbarisch«.

Stilistisch verschieden sind die Reliefs mit alttestamentarischen Inhalten auf dem rechten Türflügel. Ihr Umriß ist geschlossen; es zeigt sich eine Vorliebe für die ornamental wirkende, schöne Linie, für parallel verlaufende Falten. Aus der »zweiten« Werkstatt stammen wohl auch die vier Platten mit Szenen aus dem Leben des hl. Zeno. Hier ist das Schönlinige

Das Bronzeportal von San Zeno. Aus einer Publikation von 1839.

zugunsten einer stärkeren Körperhaftigkeit zurückgetreten. Die Figuren haben eine kleine Standfläche. Es gibt Ansätze zur Erzeugung von Räumlichkeit durch Differenzierung der Körpergröße. Die Datierung dieser zweiten Stilgruppe wird »um 1138« (U. Mende) angesetzt bzw. im weiteren Verlauf des 12. Jahrhunderts.

Bei der Portalanlage und der Fassade insgesamt fallen eine Reihe von Unstimmigkeiten auf: So ist das Bogenfeld für die Breite des Portals zu klein. Atlanten links und rechts des Türrahmens sind »unbeschäftigt«. Die seitlichen Marmorreliefs müssen einmal in der Höhe reduziert worden sein; es fehlen einige horizontale Zierstreifen. Bei den rechten Reliefs überschneidet die Gestalt Gottes die horizontale Rahmenleiste. Auffallend ist auch, daß mehrere Szenen der Bronzetüren in den Marmorreliefs wiederkehren. All diese Unregelmäßigkeiten hat die Forschung auf verschiedene Weise zu erklären versucht. Demnach ist nicht auszuschließen, daß Nicolò wie in Ferrara oder am Veroneser Dom auch hier zunächst ein Stufenportal mit einer kleineren Türöffnung und Gewändefiguren plante. Die Themen der Bronzetür sollten durch Marmorreliefs ersetzt werden. Erst als diese dann fertiggestellt waren, kam es zu einer Planänderung: Die Türöffnung wurde erweitert, auf das Stufenportal verzichtete man, das nun zu klein gewordene Tympanonrelief versuchte man zu vergrößern, indem man die Reliefplatten mit den Szenen aus dem Leben des Heiligen ansetzte. Um die beiden bereits vorhandenen, etwas älteren Reliefs mit der Jagd des Theoderich und den Duellen unterbringen zu können, mußten die neuen Reliefs mit den alt- und neutestamentlichen Themen in der Höhe reduziert werden. Und auch die Zahl der vorhandenen Bronzereliefs reichte für die jetzt breiter gewordenen Türflügel nicht mehr aus: Sie wurde von ursprünglich 28 (sieben Reihen zu je vier Reliefs) auf jetzt 48 (acht Reihen zu je sechs Reliefs) erhöht. Es wäre denkbar, daß es zu diesen einschneidenden Veränderungen erst einige Jahrzehnte nach dem Wirken des Nicolò kam, um 1200, als Briolotus das Glücksrad schuf. Sollte dies nämlich der Fall sein, könnte sich eine Hypothese von W. Arslan bestätigen, daß die Fassade ursprünglich weiter zurückversetzt war und das Langhaus um 1200 verlängert wurde, wofür u.a. eine Baunaht an der rechten Außenflanke spricht.

Doch lassen wir nun diese schwierigen Erörterungen und wenden uns dem Inneren der Kirche zu. Steht man im Hauptportal, umfaßt der Blick den Raum von einem erhöhten Standpunkt aus, denn die Türschwelle des Portals liegt zehn Stufen höher als das Bodenniveau des Langhauses. Von hier aus gewinnt man einen guten Eindruck von der gesamten Kirchenanlage. Steil wirkt das Mittelschiff, denn die relativ kleinen Obergadenfenster sitzen sehr hoch, direkt unter dem Dachstuhl. Indem die Mönche von San Zeno sich für einen Basilika-Bau ohne Querschiff und Emporen entschlossen, blieb in diesem Raum etwas von der Schlichtheit frühmittelalterlicher Basiliken gewahrt. Weite, geschlossene Wandflächen breiten sich aus, belebt durch die verschiedenartige Struktur der durch den Schlämmverputz sich abzeichnenden Ziegel- und Tuffsteinlagen. Um so wirkungsvoller kommen die strukturierenden Elemente Säulen, Pfeiler, Wandvorlagen, der Schwibbögen und gestuften Scheidbögen zur Geltung (vgl. Abb. 37). Es ist romanisches Formengut, vermittelt durch Kirchenbauten der Lombardei und der Emilia, wie etwa den Dom von Modena.

Vom Hauptportal sieht man zugleich den erhöhten Mönchschor und die Krypta. In ihr ruht – in einem beleuchteten Sarkophag – der Kirchen- und Stadtpatron (Abb. 38, 43). Von außergewöhnlicher Weite ist diese Krypta. Angeregt von Vorbildern in Deutschland (Speyer), nimmt sie die gesamte Breite des Langhauses ein. Eines der Kapitelle trägt die Jahreszahl 1225 und den Meisternamen »Adaminus da Sco. Gregorio«.

Zur Tribuna steigt man eine breite Treppe empor. In der Nische hinter dem Altar maggiore sieht man das herrliche Bild Mantegnas aufgehängt, welches lange in Paris war, es füllt eine Altarwand von schöner Architektur, blau mit Goldarabesken, und fugt sich in 3 Tafeln zwischen 4 Pilastern ein. Die 3 Tafeln bilden aber eine Darstellung: in der Mitte Madonna auf einem Thron, von kleinen spielenden Engelchen auf den Stufen umgeben; zur Seite stehn Heilige. Das Ganze in einer schönen Pilasterhalle, aus der man ins Freie sieht.

In der unterirdischen Kirche, zu welcher man seitwärts auf 2 großen Treppen unter die Tribuna hinabsteigt, sieht man das Grabmal des heiligen Zeno; die Kapelle wird von wunderlichen Säulchen unterstützt, deren Kapitäle mit Monstern geziert sind.

Karl Friedrich Schinkel, 15. November 1824

Piazza del Duomo mit der Domfassade und dem noch unvollendeten Campanile. Lithographie von Giovanni Brizeghel nach Zeichnung von Marco Moro (um 1850).

San Zeno ist zwar das bedeutendste, doch nicht das älteste Beispiel der Veroneser Romanik. Bereits im späten 11. Jahrhundert wurde mit dem Bau der Doppelkirche SAN FERMO MAGGIORE begonnen (das inschriftlich überlieferte Erbauungsdatum 1065 wird von einigen Forschern in Frage gestellt). Errichtet wurde diese Kirche über dem Grab der aus Bergamo stammenden Heiligen Firmus und Rusticus, die 304 unter Kaiser Maximian das Martyrium erlitten hatten. Ihre Reliquien gelangten über Nordafrika nach Capodistria; von dort kehrten sie im Jahre 755 nach Verona zurück und wurden beigesetzt in einer frühchristlichen Kirche am Etschufer. Später den Benediktinern überlassen (vor 1019), wurde San Fermo Maggiore dann 1065 (oder einige Jahrzehnte später) von diesen als Doppelkirche neu erbaut. Während die Unterkirche weitgehend in ihrer ursprünglichen Gestalt erhalten blieb (Abb. 49, 50), haben die Franziskaner die Oberkirche ab 1290 umgebaut.

Die ungewöhnliche Doppelkirchenanlage läßt sich dadurch erklären, daß das Schwemmland der Etsch seit der Spätantike beträchtlich angestiegen war und die älteste frühchristliche Kirche unter sich begraben hatte. Die Benediktiner aber wollten die Grabstätte beibehalten und entschlossen sich deshalb zum Bau von zwei übereinanderstehenden Kirchen. Dabei wurde der Unter- wie auch der Oberkirche das benediktinische, auf Cluny II zurückgehende Grundrißschema einer dreischiffigen Anlage im gebundenen System zugrundegelegt, bei der jedes Schiff in Apsiden endet; außerdem ist ein kurzes Querschiff ausgebildet, das sich an der Ostseite ebenfalls in Apsiden öffnet – so kam es zu der charakteristischen Fünf-Apsiden-Gruppe (vgl. Abb. 45). In der Unterkirche ergab sich zwingend eine gleiche Höhe für alle drei Schiffe. Aus statischen Gründen wurde das Mittelschiff mit einer schlanken Stützenreihe unterteilt, so daß der Raum – einer Krypta gleich – aus lauter quadratischen, kreuzgratgewölbten Jochen besteht.

Das cluniazensische Grundrißschema mit seinen gestaffelten Apsiden kehrt in Verona auch in der Kirche SAN LORENZO wieder (Abb. 53, 54). Grundverschieden ist jedoch deren Raumwirkung: Hier nämlich sind Emporen ausgebildet, die von lombardischen Bauten wie Sant' Ambrogio in Mailand angeregt wurden. Indem die Obergadenwand geöffnet ist und den Pfeilern Halbsäulen vorgelegt sind, hat dieser Raum den geschlossenen Wandcharakter, wie er beispielsweise San Zeno auszeichnet, weitgehend verloren. San Lorenzo ist vielmehr geprägt durch eine in Italien selten anzutreffende plastische Artikulation der architektonischen Glieder. Durch den Einsatz verschiedener Baumaterialien, vor allem durch wechselnde Lagen von Ziegel- und Haustein, sind Pfeiler, Säulen und Halbsäulenvorlagen der Wände, Schwib- und Scheidbögen in ihrer unterschiedlichen Funktion betont. Wie bei anderen Kirchen der Veroneser Romanik gibt auch hier das Baumaterial einen Hinweis auf die Entstehungszeit: An den Außenwänden – sichtbar vor allem an der Nordseite vom Etschufer aus – wechseln zuunterst Schichten von Kiesel-, Tuff- und Ziegelsteinen, darüber dann alternierende Lagen von Ziegel- und Tuffstein, wie es für die Veroneser Romanik charakteristisch ist. Daher darf auf einen Baubeginn bereits um 1100 geschlossen werden, dem ein Wiederaufbau nach der Zerstörung beim Erdbeben von 1117 folgte. Ursprünglich besaß San Lorenzo einen Vierungsturm, der jedoch bereits im 15. Jahrhundert abgerissen wurde. Im 18. Jahrhundert hat man das Innere barockisiert. Nach den schweren Schäden im Zweiten Weltkrieg ist das barocke Tonnengewölbe durch einen offenen Dachstuhl aus holzverkleidetem Beton ersetzt worden, wie er ähnlich ursprünglich vorhanden war.

Einen wiederum extrem anderen Raumeindruck als die steile Emporen-Staffelhalle von San Lorenzo vermittelt San Giovanni in Fonte, die nach 1117 wiederaufgebaute Taufkirche des Domes. Von außergewöhnlicher Breite ist das Mittelschiff, dessen Proportion im Veneto nur eine Parallele in Santi Felice e Fortunato in Vicenza findet (Abb. 76). Wie dort, wurden auch hier die Grundmauern eines zerstörten älteren Baus, wohl aus dem 8. oder 9. Jahrhundert, wiederverwendet, was zu der für die Zeit der Romanik untypischen breiten Proportionierung führte. Das bemerkenswerte Taufbecken aus Veroneser Rotmarmor wurde aus einem einzigen Marmorblock gemeißelt (Abb. 75, 76). Zu den ausführenden Steinmetzen zählte wahrscheinlich Briolotus, der Meister des Glücksrades an der Fassade von San Zeno, auf den die Reliefs von der Anbetung der Hirten bis zur Taufe Christi zurückgehen dürften.

In der Proportionierung noch einmal verschieden zeigt sich der romanische Neubau von San Giovanni in Valle (Abb. 55, 56). Das Mittelschiff ist hier von extremer Steilheit. Ähnlich wie in San Zeno oder San Lorenzo alternieren Pfeiler und Säulen. In der Zeit der Langobarden war San Giovanni Bischofskirche der Arianer. Erhalten blieb von diesem Vorgängerbau nur ein Teil der Krypta.

Zu den Kirchen, die nach 1117 erneuert wurden, zählt auch Santa Maria Matricolare, der Dom (Abb. 66-74). Nach dem gotischen Umbau von 1444 bis 1520 blieben aus romanischer Zeit nur mehr die Umfassungsmauern, Teile der Fassade, vor allem das Portal mit der doppelgeschossigen Vorhalle, das südliche Seitenportal sowie die Ostapsis erhalten. Bei den Umbauarbeiten wurde auch das Langhaus erhöht. Dessen ursprünglichem Querschnitt entsprach die romanische Fassade, das heißt, sie reichte im Mittelteil bis zur unteren der beiden Giebelschrägen; an den Seiten erkennt man noch Reste der schräg verlaufenden Gesimse und Bogenfriese, die in Höhe der Pultdächer angebracht waren (vgl. Abb. 66). Die Lanzettfenster – nach venezianischer Art rechteckig gerahmt – sind eine Zutat des 15. Jahrhunderts.

Für die Portalanlage wurde 1138 der Bildhauer Nicolò verpflichtet, dem wir bereits bei San Zeno begegnet sind. Seine Signatur wirbt um Nachruhm:
ARTEFICEM GNARUM QUISCULPSERIT
HAEC NICOLAUM HUNC CONCURRENTES
LAUDENT PER SAECULA GENTES
(Mögen die hier Zusammenströmenden den kenntnisreichen Künstler Nikolaus, der dies gemeißelt hat, über Jahrhunderte hinweg preisen.) Anders als bei San Zeno, wo sich der bildhauerische Schmuck links und rechts vom Portal ausbreitet, konzentriert er sich hier auf den engeren Bereich von Portal und Vorhalle, so daß selbst im Gewände Figuren erscheinen: Propheten, die zu den ältesten Gewändestatuen des Mittelalters zählen, noch vor Chartres...

Die monumentale Ostapsis ist stilistisch verwandt mit der Fassade von San Zeno: Hier wie dort wird die Wand von einem Netz dichtgereihter, schmaler Lisenen überzogen. Diese treten so wenig hervor, daß die zylindrische Architektur voll zur Geltung kommt.

Das romanische Portal des Domes, ein Werk des Meisters Nicolò von 1139. Chromolithographie von Georges Moore nach einer Zeichnung von Domenico Quaglio (1845).

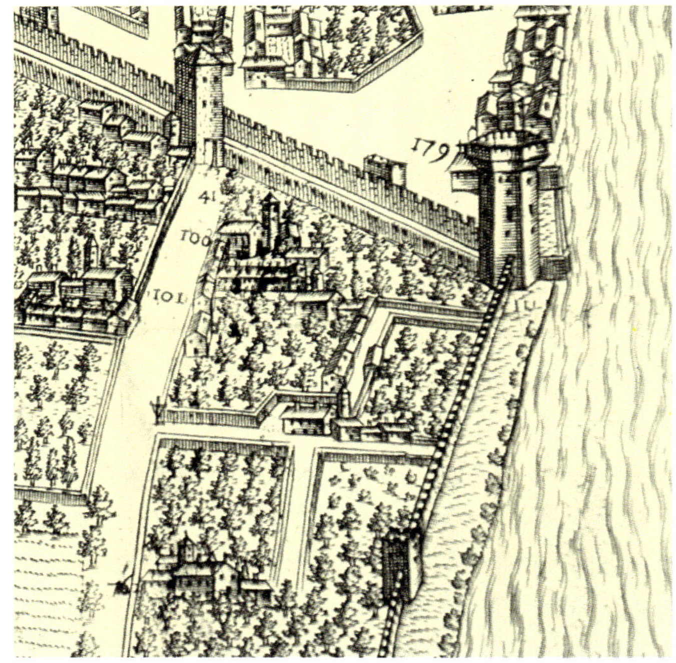

Teil der mittelalterlichen Stadtmauer bei dem Kloster S. Francesco al Corso. Ausschnitt aus einem Kupferstich von Giovanni Battista Merlo nach Zeichnung von Pietro Michieli (1671).

Die Kommune und der Tyrann

Später als die meisten anderen Städte Ober- und Mittelitaliens hatten die Veroneser die Stadtfreiheit erlangt, doch ist ihr Kommunalpalast der älteste erhaltene Italiens. Die 1136 zum ersten Male gewählten Konsuln residierten zunächst in einem Privathaus bei Santa Maria Antica. Wahrscheinlich 1193 begannen die Veroneser mit dem Bau eines eigenen Palastes für die Räte und diverse Ämter. In diesem Palazzo Comunale wurde auch Gericht gehalten, er heißt daher auch *Palazzo della Ragione*. Es ist eine vierflügelige Anlage in der Mauertechnik der romanischen Kirchen Veronas, nämlich wechselnden Lagen aus Tuff und Ziegelstein. Zwei ältere Geschlechtertürme wurden als Ecktürme in den Neubau einbezogen. Von diesen ist einer später eingestürzt und nur noch als Stumpf sichtbar, der andere wurde 1447 aufgestockt: die Torre dei Lamberti, das Wahrzeichen Veronas (Abb. 77).

Zu einer Schlüsselposition in der freien Kommune entwickelte sich seit Ende des 12. Jahrhunderts das Amt des *Podestà*, des Stadtoberhauptes, das gewöhnlich für eine begrenzte Zeit einem Auswärtigen übertragen wurde. 1226/27 bekleidete der berüchtigte Ezzelino III. da Romano dieses Amt. Ohne jemals offiziell die Vollmachten eines Signore erhalten zu haben, trat er als Alleinherrscher auf. Unterstützt von den Ghibellinen, den Kaisertreuen, die in Verona von der Familie Montecchi angeführt wurden, konnte Ezzelino die Gunst Kaiser Friedrichs II. erlangen; er wurde kaiserlicher Vikar und heiratete 1238 Friedrichs uneheliche Tochter Selvaggia. Als rücksichtsloser Vorkämpfer der kaiserlichen Sache zog er sich den Haß aller guelfisch, das heißt papsttreu und kommunal Gesinnten zu. Im Laufe seiner siebenundzwanzigjährigen Tyrannei (1232-1259) dehnte Ezzelino seine Macht auf Vicenza, Feltre, Belluno, Monselice und Trient aus. Gefürchtet waren seine Gewalttaten, so daß sein Name beim Volk zum Synonym für diabolisches Wesen wurde. Am 13. Juni 1239 ließ Friedrich II. alle Gegner Ezzelinos, darunter auch die Este von Ferrara und die Sambonifacio von Verona, zu Feinden des Kaisers erklären. Zur selben Zeit begann Ezzelino seine Herrschaft von dem Staufer zu lösen; die öffentlichen Ämter besetzte er willkürlich mit Leuten seines Vertrauens oder Verwandten. Sein Schreckensregiment wurde dadurch beendet, daß sich die politischen Gegner – außer den guelfischen Verbannten und Papst Innozenz IV. auch die Städte Mantua und Ferrara – gegen ihn verbündeten und ihn 1259 endlich besiegten. Nach der Entmachtung Ezzelinos konnte in Verona der von ihm eingesetzte Podestà, Mastino della Scala, weiter im Amt bleiben und wurde sogar ausdrücklich vom Volk darin bestätigt. Daraus ist zu schließen, daß Ezzelinos Regime in Verona weit weniger verhaßt war als in anderen Städten des Veneto.

Im 12. und 13. Jahrhundert war Veronas Bevölkerung so angewachsen, daß im alten, seit Kaiser Gallienus in seinem Verlauf praktisch unveränderten Mauerring der Platz nicht mehr ausreichte. Es bildeten sich Vorstädte (*sobborghi*) bei der Porta Leoni und der Porta Borsari sowie am linken Etschufer. Zu ihrem Schutz ließ Ezzelino neue Mauerabschnitte errichten, und zwar von dort, wo später das Castelvecchio erstand, bis zum heutigen Ponte Aleardi. Ein Nebenarm der Etsch, der sogenannte Adigetto, diente als Mauergraben. Am linken Etschufer wurden die Mauern um das Gebiet von Santo Stefano, San Giovanni in Valle, Santa Maria in Organo und Santi Nazaro e Celsio gelegt.

Ein weiteres und letztes Mal ist der Mauerring dann unter den Skaligern erweitert worden. Die neue, vor allem unter Cangrande um 1322-25 errichtete Mauer umschloß auch die Klöster San Zeno, San Bernardino, Santo Spirito und San Francesco; links der Etsch führte sie von Porta San Giorgio über den Colle San Pietro bis zur Porta Vescovo und bezog auch das sogenannte Marsfeld im Westen mit ein. Die Etschufer blieben weiterhin unbefestigt, doch konnte der Fluß beim Eintritt in das Stadtgebiet durch Ketten gesperrt werden. Die schließlich etwa 10 km langen, durch zwölf Tore geöffneten Mauern umfaßten ein Gebiet von ca. 4000 ha – groß genug, um noch die Stadt des 19. und frühen 20. Jahrhunderts aufzunehmen.

Die Stadt der Skaliger

Mit Mastino della Scala beginnt die 128 Jahre dauernde Herrschaft der Skaliger. Von 1259 bis 1387 regierten sie in der Stadt, und indem sie ihre Macht auf Vicenza, Padua, Treviso, Belluno und Feltre ausdehnten, wurde Verona zur Kapitale eines Flächenstaates, dem nahezu das gesamte Veneto, vorübergehend sogar Gebiete der Toscana und der Emilia angehörten. Stets waren die Skaliger auf kaiserliche Rükkendeckung bedacht, indem sie sich – nicht anders als Ezzelino – zu dessen Vikaren ernennen ließen. Trotz ihrer kaisertreuen Haltung schränkten sie die Rechte des Adels ein, unterstützten aber Handel und Gewerbe, die Grundlagen des Veroneser Wohlstandes. Sie selbst stammten nicht aus einer Adelsfamilie, ihre Vorfahren waren Großkaufleute.

Der von Ezzelino zum Podestà ernannte und noch nach dessen Tod vom Volk wiedergewählte Mastino (sein eigentlicher Name lautete Leonardino) wurde 1261 zum Podestà der *Domus mercatorum* gewählt und hatte dadurch größten Einfluß auf das Zunftwesen und den Handel. Mastino erneuerte 1274 die bereits im 12. Jahrhundert geschlossenen Handelsverträge mit der Markusrepublik, indem er ihr weiterhin die Transportwege durch das Etschtal zur Verfügung stellte. Am 26. (oder 27.) Oktober 1277 wurde Mastino unter einem Gewölbe zwischen der Piazza delle Erbe und der Piazza dei Signori, unweit seines Familienpalastes, ermordet, allem Anschein nach von seinen politischen Gegnern. Bereits am folgenden Tag übertrugen die Vorsteher der Zünfte alle Rechte, die Mastino besaß, an dessen Bruder Alberto. Dieser war aus Mantua herbeigeeilt, wo er das Amt des Podestà innehatte. »Kapitän und Rektor der Vorsteher der Zünfte und des Veroneser Volkes« lautete der ihm nun verliehene Titel. Alberto wußte die Gunst der Stunde zu nutzen, indem er sich nahezu absolutistische Vollmachten übertragen und diese sogleich in den Stadtstatuten präzisieren ließ: die Vorsteher der Zünfte sowie die Anführer der Truppen seien ihm Gehorsam schuldig, seine Wahl könne nicht mehr rückgängig gemacht werden, auch in Zukunft könne er die Statuten ändern, seine Anweisungen hätten Gesetzeskraft. Mit Alberto della Scala ist im übrigen die Erinnerung verbunden, daß er 1278 in der Arena 166 Bürger von Sirmione am Gardasee, die als Anhänger der Patarener der Häresie angeklagt waren, auf dem Scheiterhaufen verbrennen ließ. Nicht religiöser Fanatismus veranlaßte den Skaliger zu dieser Massenexekution, sondern politisches Kalkül. 1267 hatte Verona den Staufer Konradin beherbergt und unterstützt. Darauf hatte Papst Clemens IV. das Interdikt über die Stadt verhängt, was unter anderem Aussetzung des Gottesdienstes beinhaltete. Durch die demonstrative Hinrichtung Andersgläubiger sollten die durch die Politik seines Vaters Mastino verhärteten Beziehungen zum Heiligen Stuhl verbessert und der Papst bewogen werden, Verona endlich vom Interdikt zu lösen, was dann – nach zwölf Jahren – auch tatsächlich geschah.

Die Alberto zugesprochenen Rechte wurden auch seinen Nachfolgern eingeräumt: seinen Söhnen Bartolomeo, der bereits 1204 starb, Albuino und Canfrancesco genannt Cangrande. Bartolomeo (1301-1304) kommt das Verdienst zu, dem Florentiner Dante im Jahre 1304 Gastfreundschaft gewährt zu haben. Erwähnt sei auch, daß sich unter seiner Regierungszeit die Liebestragödie von Romeo und Julia zugetragen haben soll (s. S. 33).

Canfrancesco, bekannt unter dem Namen Cangrande, wurde 1308 im Alter von siebzehn oder achtzehn Jahren mit dem Regierungsamt beauftragt. Er regierte zunächst mit seinem Bruder Albuino, der jedoch schon 1311 verstarb. Den jungen Cangrande erreicht die Nachricht vom Italienzug Heinrichs VII., der, von den Ghibellinen und von Dante jubelnd begrüßt, den Versuch unternimmt, die Reichsgewalt in Italien zu erneuern: Heinrich wird 1311 in Mailand zum König von Italien, im Folgejahr in Rom zum Kaiser gekrönt. Am 7. März 1311 werden die beiden Skaliger-Regenten zu Vikaren des Kaisers ernannt und führen von nun an den Reichsadler in ihrem Familienwappen mit der Treppe (ital. scala). Cangrande erobert wenige Wochen später Vicenza und wird auch dort kaiserlicher Vikar, anschließend unterstützt er Heinrich bei der Belagerung von Brescia. In den nächsten Jahren erobert Cangrande Feltre, Belluno, Padua und die Mark Treviso.

Cangrande verfolgte ähnliche Ziele wie Ezzelino, doch im Gegensatz zu diesem zeichnete er sich durch Gerechtigkeit und Milde aus – auch gegenüber seinen Gegnern. Nicht als skrupelloser Tyrann, sondern als Ritter und Idealbild eines *signore* blieb dieser Skaliger im Bewußtsein der Nachwelt. Er umgab sich mit Gelehrten wie dem Physiker Egidio und dem Grammatiker Nicolò und verwandelte seinen Palazzo an der Piazza Signori in einen »Musenhof«. Unter Cangrande entwickelte sich Verona zur »Hauptstadt höfischer Kultur, die den anderen Signoren Norditaliens Vorbild war, vor allem den Carraresen und Visconti« (L. Magagnato). Dante, der die Gastfreundschaft auch dieses Skaligers genoß, setzte dem großen Lombarden, der den Santo Uccello (den Reichsadler) im Wappen trug, eine Denkmal im Paradiso seiner Divina Commedia: »Seine wohlbekannte Großmut wird so offenkundig sich zeigen, daß selbst seine Feinde vor ihr verstummen.«

Cangrande starb achtunddreißigjährig im Jahre 1329. Nachfolger wurden die Söhne seines Bruders: Mastino II. eroberte Brescia, kaufte Parma und Lucca, doch damit forderte er die Rivalität der Visconti von Mailand und der Florentiner heraus. So verbanden sich Mailand und Florenz mit Venedig, dem der sich ausdehnende Skaligerstaat in seinem Hinterland längst ein Dorn im Auge war. Dem Bündnis schlossen sich die Este von Ferrara, die Gonzaga von Mantua, die Carrara von Padua sowie König Johann von Böhmen an. Nach der Schlacht von Padua (1337) mußte Mastino II. Padua, Treviso, Belluno und Brescia abtreten. Lucca konnte er für 25000 Florinen an Florenz verkaufen, das den Handel bald zu bereuen hatte, da die Stadt unmittelbar danach von Pisa eingenommen wurde.

Das Ende der Skaliger-Herrschaft begann mit einem doppelten Brudermord. Nach dem Tode Mastinos II. im Jahre 1351 wurden seine drei Söhne zu Nachfolgern erklärt: Cangrande II., Paolo Albuino und Cansignorio. Als Cangrande seinen eigenen Söhnen die Nachfolge sichern wollte und aus diesem Grunde auch Vermögen wegschaffen ließ, schritt Cansignorio zur Tat und tötete ihn. Damit noch nicht genug: Bald darauf folgte die Hinrichtung Albuinos, für die ebenfalls Cansignorio verantwortlich gemacht wird. Unerträglich aber wurden die Zustände, als einer der beiden unehelichen Söhne Cansignorios den Bruder ermordete, um Alleinerbe zu sein. Der Veroneser Adel beschloß, die Stadt zu verlassen und als Condottieri zu den Visconti in Mailand überzuwechseln. Die Einnahme Veronas durch die Visconti erfolgte bald darauf kampflos, da Bürger eines der Stadttore geöffnet hatten. In der Nacht vom 18. zum 19. Oktober 1387 verließ der letzte Della Scala-Herrscher Verona auf einem Boot in Richtung Venedig.

Die Herrschaft der Visconti sollte allerdings nur kurz währen. Die harte Führung Gian Galeazzo Viscontis entbehrte jeglicher Liberalität, ja sie kam einer Unterdrückung in nie gekannten Ausmaßen gleich. Auf dem Colle San Pietro errichtete er eine Festung (deren Reste hinter der österreichischen Kaserne erhalten blieben), begann den Bau des Castel San Felice und legte südlich des Amphitheaters, auf dem Areal zwischen der Etsch und dem heutigen Corso Porta Nuova, eine riesige Festung an, die Cittadella. Mit dem Castelvecchio war sie durch einen bedeckten Gang verbunden, der über die funktionslos gewordenen Stadtmauern aus kommunaler Zeit führte. Gian Galeazzos Tod im Jahre 1402 ließ die Veroneser aufatmen. Francesco da Carrara, Signore von Padua, wurde Veronas neuer Herr, bis die Stadt sich am 24. Juni 1405 Venedig unterstellte. Damit beginnt ein neues Kapitel der Stadtgeschichte.

Die Herrschaft der Skaliger fiel zusammen mit einer Zeit des wirtschaftlichen Wohlstandes und einer allgemeinen kulturellen Blüte, die nicht allein Verona, sondern fast alle größeren Städte Nord- und Mittelitaliens betraf. Nicht anders als etwa Florenz, Siena oder Venedig hat auch Verona seine städtebauliche Gestalt weitgehend im späteren 13. und im 14. Jahrhundert gefunden. Verona war eine Stadt mit zahlrei-

Es scheint uns, als habe dieses Menschengewühl auf der Piazza delle Erbe im Laufe der Zeiten nur allmählich Röcke und Redensarten gewechselt und der Geist der Gesittung habe sich dort wenig verändert. Die Gebäude aber, die diesen Platz umgeben, mögen nicht so leicht imstande gewesen sein, mit der Zeit fortzuschreiten; doch schauen sie darum nicht minder anmutig, und ihr Anblick bewegt wunderbar unsre Seele. Da stehen hohe Paläste im venezianisch-lombardischen Stil, mit unzähligen Balkonen und lachenden Freskobildern; in der Mitte erhebt sich eine einzelne Denksäule, ein Springbrunnen und eine steinerne Heilige; hier schaut man den launig rot und weiß gestreiften Podestà, der hinter einem mächtigen Pfeilertor emporragt; dort wieder erblickt man einen altviereckigen Kirchturm, woran oben der Zeiger und das Zifferblatt der Uhr zur Hälfte zerstört ist, so daß es aussieht, als wolle die Zeit sich selber vernichten – über dem ganzen Platz liegt derselbe romantische Zauber, der uns so lieblich anweht aus den phantastischen Dichtungen des Ludovico Ariosto oder des Ludovico Tieck.

Heinrich Heine, »Reise von München nach Genua«, 1828

Piazza delle Erbe. Lithographie von Georges Moore nach Zeichnung von Domenico Quaglio (1845). Rechts die Case dei Mazzanti, im Hintergrund Palazzo Maffei und Torre del Gardello, am linken Bildrand Casa dei Mercanti; in der Platzmitte der Brunnen der Madonna Verona, vorn der »Berlina« genannte Marmorbaldachin sowie die von Gian Galeazzo Visconti errichtete Colonna del Mercato. Alle Monumente auf der Piazza haben öffentlichen Charakter. Unter dem Baldachin wurden Gesetzesbeschlüsse verkündet; hier empfing der neugewählte Podestà die Schlüssel der Stadt. Die Markussäule im Hintergrund wurde 1523 als Hoheitszeichen der Serenissima hier aufgestellt.

chen Geschlechtertürmen, reich an gotischen Palästen mit bemalten Fassaden, von denen die Palazzi Baldiero in der Via Leoni, Pozzoni am Corso Cavour oder Miniscalchi in der Via S. Mamaso noch eine gute Vorstellung geben. Mit der Errichtung der Casa dei Mercanti, dem Brunnen Madonna Verona und der Torre Gardello erhielt die PIAZZA DELLE ERBE, der Kräuterplatz, ihre charakteristischen Akzente, die die Bedeutung der Piazza als Zentrum des Handels herausstellen sollten.(Abb. 78). Die CASA DEI MERCANTI wurde 1311 durch Alberto I. della Scala für die Veroneser Kaufleute errichtet. Sie hieß damals *Domus mercatorum*. Von hier aus wurde das Marktgeschehen und die gesamte Wirtschaft Veronas geregelt. Darüber hinaus hatte die Domus mercatorum bis zum Ende des 18. Jahrhunderts eine in den Statuten niedergelegte Schlüsselfunktion für die Politik der Stadt. Wie leider häufig in Verona, ist das Haus nicht in seiner originalen Gestalt überliefert; es wurde 1878 unter Verwendung alten Baumaterials rekonstruiert (Abb. 82). Den Brunnen MADONNA VERONA ließ Cansignorio della Scala 1378 errichten (Abb. 79, 80). Man verwendete dabei eine römische Gewandstatue, die angeblich bereits am Veroneser Forum stand – mußte der Figur aber Kopf und Arme hinzufügen. Römischen Ursprungs ist auch die Brunnenschale. Cansignorio ließ schließlich noch die TORRE DEL GARDELLO errichten, den Stadtturm mit der ältesten Turmuhr Veronas (Abb. 78, 80). Die mit Fresken bemalten CASE MAZZANTI an der Nordwestseite der Piazza waren ursprünglich im Besitz der Familie Della Scala; sie werden heute benannt nach der Familie, die sie 1517 erwarb und durch Alberto Cavalli und Giovanni Francesco Caroto mit Fresken mythologischen Inhalts bemalen ließ (Abb. 81).

An der benachbarten PIAZZA DEI SIGNORI gehörten zwei Paläste den Skaligern (Abb. 84). Der PALAZZO DEL GOVERNO wurde unter anderem von Cangrande bewohnt, war jedoch wahrscheinlich schon im späten 13. Jahrhundert unter einem seiner Vorgänger – Mastino I. oder Alberto I. – errichtet worden. Für die Ausmalung verpflichtete man den Florentiner Giotto und Altichiero, den führenden gotischen Maler des 14. Jahrhunderts in Verona, wobei freilich nur noch

Das Marmorgrabmal des Cansignorio auf dem Skaliger-Friedhof bei S. Maria Antica. Lithographie von C. Hullmandel nach Zeichnung von Samuel Prout (1839).

von den Altichiero-Fresken für die Hofloggia Reste erhalten blieben. Der Palast wurde in späterer Zeit wesentlich verändert, bis man sein mittelalterliches Aussehen 1928-30 durch aufwendige Restaurierungsarbeiten zurückzugewinnen versuchte. Unverändert ist das Renaissanceportal in Form eines Triumphbogens von Michele Sanmicheli aus dem Jahre 1532. Der Palazzo ist heute Sitz der Provinzregierung. Im rechten Winkel zu ihm steht ein anderer Palast, der mit der Familie Della Scala verbunden ist: der mehrfach umgebaute PALAZZO DEI TRIBUNALI, dessen Ämter in jüngster Zeit verlegt wurden. Vom ursprünglichen Bau unter Cansignorio blieb der mächtige Wehrturm erhalten (Abb. 83).

In der Nähe dieser Paläste, unmittelbar angrenzend an die Piazza dei Signori, liegt die ehemalige Hauskirche der Skaliger: SANTA MARIA ANTICA. Sie gehört zu den kleineren romanischen Kirchen Veronas, die bereits von den Langobarden gegründet wurden. Das Kirchlein und sein Friedhof waren im 13./14. Jahrhundert Begräbnisstätte der Skaliger. Dieser Komplex mit den gotischen Grabbauten, den *Arche Scaligeri,* hat in Italien nicht seinesgleichen und ist deshalb eine der Hauptsehenswürdigkeiten von Verona. Dem bedeutendsten Mitglied dieses Geschlechts, Cangrande, wurde sein Grabmal über dem Eingangsportal errichtet. Es ist das älteste mit einem Reiterstandbild verbundene Grabmal des Mittelalters und somit Vorbild anderer Reiterdenkmäler des späteren Mittelalters und der Renaissance (z.B. Donatellos Gattamelata-Standbild in Padua). Der Verstorbene wird hier zweimal dargestellt: zunächst – wie üblich – als Liegefigur auf dem Sarkophag, das heißt als der Tote , der auf seine Erlösung im Jenseits wartet; zum anderen als Reiter und siegreicher Feldherr, als Denkmal des Lebenden also. Stilistisch unterscheiden sich Liegefigur und Reiterstandbild erheblich, so daß man heute zwei verschiedene Meister annimmt. Während die etwas schematische Art auffällt, mit der die Gesichtszüge des verstorbenen Cangrande markiert wurden, ist die lächelnde Reiterfigur in voller Rüstung von seltener Freiheit. Der Kontrast zwischen dem im Sattel stehenden Cangrande und dem Pferd bleibt ohne Parallele bei anderen Reiterstandbildern (vgl. Abb. 93, 95).

Die übrigen Mitglieder des Hauses Della Scala wurden neben der Kirche im eigentlichen Friedhof bestattet, an dessen schmiedeeisernem Gitter die Leiter des Skaliger-Wappens erscheint (Abb. 87). Der 1350 verstorbene Mastino II. erhielt ein allseitig freistehendes Prunkgrab. Der Sarkophag steht auf einem von vier Säulen getragenen Podest. Darüber erhebt sich ein mit Wimpergen geschmückter Baldachin, auf dessen Spitze das Reiterstandbild Mastinos steht. Stilistisch ist dieses dem Reiterbild Cangrandes (nicht jedoch der Liegefigur und den Sargreliefs) verwandt. So nimmt man an, Mastino II. habe sein eigenes Grabmonument schon zu Lebzeiten ausführen lassen und gleichzeitig das schon bestehende Baldachingrab

Auch die Grabmäler der Scaliger sind unfern der Piazza delle Erbe. Sie sind so wundersam prächtig wie dieses stolze Geschlecht selbst, und es ist schade, daß sie in einem engen Winkel stehen, wo sie sich gleichsam zusammendrängen müssen, um so wenig Raum als möglich einzunehmen, und wo auch dem Beschauer nicht viel Platz bleibt, um sie ordentlich zu betrachten. Es ist, als sähen wir hier die geschichtliche Erscheinung dieses Geschlechtes vergleichnist; diese füllt ebenfalls nur einen kleinen Winkel in der allgemeinen italienischen Geschichte, aber dieser Winkel ist gedrängt voll von Thatenglanz, Gesinnungspracht und Übermuthsherrlichkeit. Wie in der Geschichte, so sieht man sie auch auf ihren Monumenten, stolze, eiserne Ritter auf eisernen Rossen, vor allen herrlich Can Grande, der Oheim, und Mastino, der Neffe.

Heinrich Heine, »Reise von München nach Genua«, 1828

seinem Oheim Cangrande mit dem pyramidenförmigen Aufsatz und dem Reiterbild ergänzt. Am prunkvollsten ist das Grab des 1375 verstorbenen Cansignorio della Scala (Abb. 86, 88). Seine Qualitäten liegen in den Bereichen gotischer Zierformen, während die Figur des Reiters und auch die Reliefs am Sarkophag schwächer sind als bei den beiden anderen Monumenten. Der lombardische Bildhauer Bonino da Campione hat dieses Werk signiert.

Unweit dieses geschichtsträchtigen Ortes und der Piazza Erbe steht an der Via Cappello ein Palast, der wohl zu den berühmtesten Italiens gehört. Der Grund hierfür liegt allerdings weniger in seiner (stark restaurierten) gotischen Fassade des 14. Jahrhunderts als vielmehr in seiner literarischen Bedeutung: Hier soll nämlich eine Familie namens Capuleti um 1300 residiert haben, tief verfeindet mit einem anderen Veroneser Geschlecht, den Montecchi. Die Rede ist von den unglücklichen Liebenden Romeo und Julia und dem Shakespeareschen Drama – eine Geschichte, die noch heute unzählige Touristen andächtig vor dem sogenannten Haus der Julia im Innenhof der Via Cappello verweilen läßt (Abb. 120). Die romantische Vorstellung beflügelt jener Balkon, von dem Romeo sich herabgelassen haben soll, das Schicksal seiner Liebe ahnend, mit dem Ausruf: »Der Schmerz trinkt unser Blut. Leb wohl! Leb wohl!«

Die wenigsten Besucher interessieren sich dafür, ob diese wohl unsterbliche Liebesgeschichte tatsächlich hier stattgefunden hat – zu malerisch ist der Platz, zu liebenswürdig die Vorstellung von der jungen Veroneserin Julia auf dem Balkon. Der Vicentiner Luigi da Porto (1489-1529) berichtet jedenfalls, daß die Geschichte wahr sei. Da Porto gehörte zu jenen Autoren, die den Stoff schon vor Shakespeare bearbeiteten, und von ihm haben wir auch die Angabe, daß sich die Liebestragödie zur Zeit der Herrschaft des Bartolomeo della Scala (1301-1304) zugetragen habe. Da Porto stützte sich dabei auf Mitteilungen des Veronesers Pellegrini; der wiederum habe die Geschichte einer Chronik eben jener Zeit entnommen.

Das Gegenstück zum Haus der Julia, den Palast der Familie Montecchi, sucht man in einem nach außen abweisenden, zinnenbewehrten Palast unweit der Skaliger-Gräber. Immerhin könnte dieser aus der fraglichen Zeit stammen, wurde er doch 1339 zum erstenmal urkundlich erwähnt.

Das »Grab der Julia« im Kapuzinerkloster San Francesco dürfte hingegen als Schauplatz der Liebestragödie frei erfunden sein. Erst 1938 hat man den großen, leeren Sarkophag aus Veroneser Marmor hier aufgestellt. Heute besuchen nicht nur romantische Verehrer der Julia diesen Konvent, sondern auch Kunstfreunde, denn in dem hier eingerichteten Museum sind unter anderem die im Felsenheiligtum von Santi Nazaro e Celso abgelösten ältesten Wandmalereien von Verona aus dem Jahr 996 ausgestellt.

Das sogenannte Grab der Julia im Kapuzinerkonvent S. Francesco al Corso. Romantische englische Lithographie des 19. Jahrhunderts.

Gegen Abend ging ich nach der Franceschine, wo man den Sarkophag bewahrt, in welchem Julia als Totgeglaubte gelegen. Er war sonst in dem daranstoßenden Kirchhof befindlich, der jetzt im Garten ist. Jener Sarg sieht freilich nicht viel besser als ein halbzerstörter, steinerner Brunnentrog aus: doch eben diese Schmucklosigkeit zeugt für die Wahrheit der Angabe, und es ist doch glaublich, daß man das Denkmal einer so außerordentlichen Geschichte nicht ganz zu Grunde gehen ließ.

August Graf von Platen, 13. September 1826

Die Skaliger-Festung Castelvecchio mit der befestigten Brücke über den Fluß. Ausschnitt aus einem Überschau-Plan (Mitte 19. Jh.) nach Zeichnung von A. Guesdon, gedruckt bei Lemercier in Paris.

Das gewaltigste Monument der Skaliger-Zeit ist das Castelvecchio (Abb. 90-95). Cangrande II. ließ es errichten, als er sich in seinem Familienpalast nicht mehr sicher fühlte - Befürchtungen, die nicht grundlos waren, wie sich bald herausstellen sollte (vgl. S. 30). 1354 legte er den Grundstein zu der riesigen Anlage am Etschufer. Sie besteht aus zwei durch die Stadtmauer getrennten Baugruppen: Die eigentliche Festung mit zinnenbewehrter Mauer und Verteidigungstürmen um einen Hof war für den Fall eines feindlichen Angriffs gedacht; an der Außenseite der Stadtmauer entstanden der Palast Cangrandes und ein Bergfried, die Zufluchtsstätte des Herrschers. Von hier aus wollte man sich auch den Fluchtweg sichern, hinaus aus der Stadt, zu den Besitzungen der befreundeten Malaspina. Zu diesem Zweck wurde eine Brücke errichtet, die für den Zugang des Veroneser Volkes gesperrt war. Die heute *Ponte Scaligero* genannte, 120 m lange Brückenanlage, bestehend aus drei weiten Bögen, war 1376 fertiggestellt (Abb. 89-91). In den letzten Tagen des Zweiten Weltkrieges wurde sie von deutschem Militär zerstört, bald darauf unter Verwendung des originalen Baumaterials, das aus der Etsch geborgen werden konnte, wiederaufgebaut.

Den Namen Castelvecchio erhielt die Skaliger-Festung erst Ende des 14. Jahrhunderts, als die neuen Herrscher, die Visconti, ihr eigenes Castel San Felice auf dem Hügel am linken Etschufer errichten ließen (zuvor hieß es Castel San Martino). 1959-64 wurde sie unter der Leitung des Architekten Carlo Scarpa restauriert und zu einem Museum ausgebaut. Scarpa hat auf vorbildliche Weise die alte Bausubstanz erhalten und zugleich Maßstäbe eines modernen denkmalpflegerischen Konzepts gesetzt, indem er Altes und Neues kontrastreich und zugleich harmonisch miteinander verband. Auch andernorts in Verona, im Bereich des historischen Stadtzentrums, begegnen wir der unverkennbaren Handschrift Scarpas, so bei der Einfassung der antiken Ausgrabungen bei der Piazza Signori oder beim Neubau der Banca Popolare di Verona, bei dessen umstrittener Fassade Scarpa sich über einheitliche Fensterformen und symmetrische oder axiale Bezüge hinwegsetzte.

Wie in anderen italienischen Städten ließen sich im 13. Jahrhundert auch in Verona die neuen Ordensgemeinschaften der Franziskaner, Dominikaner und Augustiner nieder. Man überließ diesen Orden bereits bestehende kleinere Kirchen, die jedoch für die wachsenden Gemeinden bald nicht mehr ausreichten. Die Augustiner begannen 1275 mit dem Bau von Sant' Eufemia, 1290 folgten die Dominikaner mit dem Neubau von Sant' Anastasia. Von 1313 an vergrößerten schließlich die Franziskaner die Oberkirche der ihnen zugewiesenen Doppelanlage von San Fermo.

Die Etsch reißt sich, wie ein Alpenkind, wild aus dem Gebürg, Wellen schlagend mitten durch in Schlangenkrümmungen. Es gehen vier Brücken darüber; von der ersten hat man eine herrliche Aussicht nach dem Gebürg und der Festung. Und die letztre, von den Scaligern angelegt, geht nach einer kleinen Festung hinan und hat drey Bogen von welchen der höchste letztre an der Festung eine erstaunliche Weite hat, die die des Ponte Rialto noch übertrifft. Aber sie hat doch weder die Schönheit des Bogenschlags wie die des Palladio, noch die Gediegenheit der erstern. Unter dessen muß sie doch sehr stark seyn weil sie gegen den Schuß des wilden Stroms so lange gehalten hat.

Wilhelm Heinse, 9. August 1783

Der 1275 begonnene Neubau der Augustiner, SANT' EUFEMIA, hatte zu Beginn noch nicht die jetzige Längenausdehnung. Er verkörpert den verbreiterten Typus der einschiffigen Bettelordenskirchen mit einer Haupt- und zwei Nebenchorkapellen, wobei nur die Chorkapellen gewölbt, das Langhaus jedoch mit einem offenen Dachstuhl gedeckt wurde. Die Kirche war ursprünglich wesentlich kürzer und auch niedriger. Erst nachdem Mastino II. die Erlaubnis erteilt hatte, eine Straße zu schließen, konnte der Bau seine jetzige Ausdehnung annehmen. Im 15. Jahrhundert ist die Fassade verändert worden; das Innere wurde 1739 barockisiert, wobei der offene Dachstuhl durch ein abgeflachtes Tonnengewölbe ersetzt wurde.

Auch die romanische Oberkirche von SAN FERMO wurde für die Franziskaner in eine einschiffige Saalkirche umgewandelt, die sich besser für die Predigt eignete als die in drei Schiffe unterteilte romanische Vorgängerkirche (Abb. 45-48, 51, 52). Gleichzeitig mußte auch diese Kirche verlängert werden. Vom ursprünglichen Bau blieben freilich die kurzen Querschiffe mit den nach Osten geöffneten seitlichen Kapellen erhalten. Seine jetzige Wirkung verdankt der Raum zu einem großen Teil der prachtvollen Holzdecke in Form eines Schiffskiels: eine mehrpaßförmige, besonders kunstvolle Konstruktion (Abb. 51).

Die Dominikanerkirche SANT' ANASTASIA ist ein großartiges Beispiel der dreischiffigen, in allen Raumteilen überwölbten Basilika (Abb. 102-116). Die Grundrißdisposition mit Langhaus, Querhaus und den vom Querhaus ausgehenden fünf Chorkapellen leitet sich vom Schema der Zisterzienserkirchen ab, wobei hier – wie auch in anderen Bettelor-

San Fermo Maggiore, Blick auf die Fassade der Oberkirche. Lithographie von Giovanni Brizeghel nach Zeichnung von Marco Moro (um 1850). Die spätere Kolorierung überzeichnet die ursprüngliche Farbigkeit der Gesteinslagen.

Blick auf die Fassade von S. Anastasia an der gleichnamigen Piazza; links die dem Veroneser Dominikanerheiligen Petrus Martyr geweihte Kirche; dazwischen, über dem Eingang zum Konvent, das Freigrab des Guglielmo da Castelbarco; rechts im Bild das alte Hotel »Due Torri«. Lithographie von Giovanni Brizeghel nach Zeichnung von Marco Moro (um 1850).

Der Markuslöwe als Beschützer des Veroneser Wappens, Symbol der »Verona fidelis«. Von einem Stadtplan von Paolo Frambotti, publiziert 1648.

denskirchen des Veneto – die Chorkapellen nicht flach (wie in Mittelitalien oder bei den Zisterziensern), sondern polygonal schließen. Anders als in der Toscana werden die Scheidbögen nicht von Kreuzpfeilern, sondern von mächtigen Rundpfeilern getragen (Abb. 110). So hat diese Kirche Ähnlichkeit mit Santi Giovanni e Paolo und der Frari-Kirche, den beiden großen Bettelordenskirchen Venedigs, und San Lorenzo in Vicenza, dem Prototyp der gotischen Gewölbebasiliken. Charakteristisch für Verona ist die besondere Farbigkeit, die hier durch den Dreiklang von Gelb, Rot und Blau bestimmt wird. Wir finden diese harmonischen Farben sowohl im Haustein der Säulen als auch in den Bodenplatten und der Gewölbemalerei, die beide erst aus dem 15. Jahrhundert stammen.

Während im Inneren das Auge fast nur Kreisformen wahrnimmt, sei es als Bogen, als Säule, Altarrahmen, selbst im Umriß der Bodenplatten, präsentiert sich das Äußere von Sant' Anastasia kantig, insbesondere die imposante, der Etsch zugewandte polygonale Apsidengruppe, wozu vor allem die wuchtigen, pfeilerartig vortretenden Lisenen beitragen, die die Nahtstellen markieren (Abb. 101, 103).

Zu den Stiftern dieser Kirche zählten die Familien Cavalli, Pellegrini, später auch die Giusti oder die Miniscalchi, die das Recht erwarben, in den Chorkapellen ihre Toten zu bestatten. Ein wichtiger Förderer von Sant' Anastasia war Graf Guglielmo di Castelbarco. Als Herr über das Etsch-Tal – seine Besitztümer lagen zwischen seinem Kastell Avio und Trient – war er eine der einflußreichsten Persönlichkeiten im Staat der Skaliger, mit denen er freundschaftliche Beziehungen pflegte. Links von der Kirchenfassade steht über dem Eingangsportal zum ehemaligen Konventsgebäude von Sant' Anastasia sein um 1320 errichtetes Grabmal; dessen Aufbau als freistehendes Baldachingrab sollte zum Vorbild für die Skaliger-Gräber werden (Abb. 106).

Als der Neubau von Sant' Anastasia geweiht wurde, behielten die Dominikaner den Titel der von Theoderich gegründeten Vorgängerkirche bei. Dem großen Dominikanerheiligen Veronas, dem als Prediger gegen die Ketzer gefürchteten Petrus Martyr, wurde dagegen die gotische Kirche an der Piazza Sant' Anastasia geweiht (im Volksmund San Giorgietto genannt). Wer heute diese kleine Kirche betritt, mag sich über die Votivfresken und die Wappen deutscher Ritter wundern. Bei diesen Rittern handelt es sich um die sogenannten Cavallieri Brandiburgensi, die Ludwig Markgraf von Brandenburg und Graf von Tirol seinem Schwager Cangrande II. zur Unterstützung seiner Herrschaft nach Verona geschickt hatte.

Im Zeichen des Markuslöwen

Schon zur Zeit der Skaliger hatte die Markusrepublik den sich ausdehnenden Flächenstaat in ihrem Hinterland mit Argwohn betrachtet. Seit dem 14. Jahrhundert unternahm sie konkrete Schritte, das Gebiet der Terraferma, durch das die Handelswege zu den Märkten Mitteleuropas führten, ihrem Staatsgebiet einzugliedern; 1388 erfolgte die definitive Übernahme von Treviso. Als es 1405 in Verona zwischen den Signoren aus dem Haus Carrara und Nachkommen der Skaliger zu Streitigkeiten kam, begaben sich die Bewohner von Verona spontan und freiwillig in die Hand Venedigs. Dies war der Beginn einer fast vier Jahrhunderte währenden Herrschaft der Serenissima (1405-1796). Im Staatsvertrag vom 16. Juli 1405 sicherte der Doge Michele Steno Verona zu, der Stadt und ihrem Landgebiet Schutz zu gewähren, die Besitzverhältnisse nicht anzutasten, die städtischen Statuten und Institutionen zu wahren. Der Rat der Stadt blieb weiterhin bestehen, doch wurde seine Mitgliederzahl reduziert. Venedig behielt sich auch das Recht vor, die beiden obersten Beamten zu ernennen: die Rettori, das heißt den Podestà (Leiter der Verwaltung und oberster Richter) sowie den Capitano (Polizei- und Militärpräfekt). Diese beiden Ämter wurden stets mit venezianischen Adeligen besetzt, übrigens auch der Bischofsstuhl, ohne daß dies vertraglich festgelegt war.

Auch wenn sich die wirtschaftliche Situation Veronas unter der friedlichen Herrschaft Venedigs erheblich verbesserte und die Stadt weitgehend ihre kulturelle Eigenständigkeit wahren konnte, war dennoch nicht zu verkennen, daß Verona nun Teil des venezianischen Dominio war, keinesfalls gleichberechtigt mit der Dominante Venedig, wo die wichtigsten Entscheidungen für die Terraferma von den Räten im Dogenpalast getroffen wurden. Zu diesen für die Republik Venedig entscheidenden politischen Gremien waren freilich keine Veroneser, sondern ausschließlich venezianische Adelige zugelassen.

Wie in den meisten italienischen Städten kam es im 15. Jahrhundert auch in Verona zu keinen strukturellen Veränderungen des städtebaulichen Konzepts. Die mittelalterlichen Skaliger-Paläste an der Piazza dei Signori (Abb. 84) wurden zum Sitz der beiden venezianischen Rettori, wobei der Podestà im ehemaligen Palazzo des Cangrande (dem heutigen Palazzo del Governo), der Capitano in dem des Cansignorio (heute Palazzo dei Tribunali) residierte. Öffentliche Gebäude aus der Zeit der Kommune und der Skaliger-Herrschaft wie die *Domus mercatorum* blieben weiterhin in Funktion. Der ehemalige PALAZZO COMUNALE war nicht nur der Stadtverwaltung vorbehalten, sondern beherbergte darüberhinaus verschiedene Ämter, darunter das Gericht und Steuerbehörden. Der Innenhof der vierflügeligen Anlage heißt noch heute *Piazza del Mercato,* weil hier jahrhundertelang der traditionelle Kräutermarkt abgehalten wurde. 1447-54 ließ der Podestà Venier die an venezianische Freitreppen erinnernde *Scala della Ragione* errichten – so benannt, weil sie zum Gerichtssaal führte (Abb. 125, 126). Gleichzeitig wurde die *Torre dei Lamberti,* der älteste Teil des Palazzo Comunale, auf eine Höhe von 83 m aufgestockt, und zwar in reinem Ziegelmauerwerk, das sich von dem unteren Teil in Veroneser Streifenbauweise deutlich abhebt (Abb. 77, 101).

Venezianisch geprägt sind auch die Fassaden der umgebauten oder erweiterten Privatpaläste, was sich vor allem in der Rhythmisierung der Fensteröffnungen äußert, die ganz bewußt Freiflächen für Freskenmalerei beließ (vgl. Abb. 127). So zahlreich waren im 15. Jahrhundert die bemalten Fassaden, daß man Verona – wie auch Vicenza – »bemalte Stadt« (*urbs picta*) nannte.

Bedeutendster ziviler Neubau aus dem ersten Jahrhundert der venezianischen Herrschaft ist die LOGGIA DEL CONSIGLIO an der Piazza dei Signori. Die Bezeichnung »Loggia« ist allerdings unzureichend; denn wie der Name andeutet, diente der Bau als Versammlungsort des städtischen Rates. Dieser Bautypus – ein großer Saal über offener Halle – leitet sich vom breitgelagerten, zweigeschossigen oberitalienischen Kommunalpalast des Trecento (zum Beispiel in Piacenza) ab. Florentiner Zierlichkeit verbindet sich hier in schönster Harmonie mit venezianischer Schmuckfreude und Veroneser Farbigkeit. Da der Name des Baumeisters nicht gesichert ist, bleibt es bei der traditionellen Zuschreibung an Fra Giocondo.

Das größte Bauunternehmen im 15. Jahrhundert war der UMBAU DES DOMES, der fast einem Neubau gleichkam. Für die Gestaltung des Inneren orientierte man sich am Mailänder Dom – sichtbar vor allem an der Pfeilerform (Abb. 74) –, während man am Außenbau das Erscheinungsbild des romanischen Domes zu bewahren suchte: Die reich skulptierten Portale, die Apsis, aber auch Teile der Außenmauern blieben bestehen, wobei das Hinzugefügte dem alten Bau stilistisch angeglichen wurde. Man scheute sich nicht, den neuen Mauern romanische Lisenen einzusetzen (Abb. 70).

Zu den kirchlichen Neubauten des 15. Jahrhunderts zählen San Bernardino, Santi Nazaro e Celso und San Tommaso. Die Franziskaner der Observanz nahmen 1452, zwei Jahre nach der Heiligsprechung Bernhardins von Siena, einen Neubau von Kirche

Blick auf Fassade und Campanile von S. Maria in Organo; im Hintergrund der Hügel S. Zeno in Monte. Aquatinta aus der Calcografia Benassuti nach Zeichnung von D. Bissol (um 1825).

Die prachtvolle gotische Fassade des Palazzo Miniscalchi mit den Renaissancefresken von Michelangelo Aliprandi (nach 1580). Aquarell von Pietro Nanin, 1864.

und Kloster San Bernardino in Angriff. Als Bautypus, aber auch in seinen Stilmitteln war die einschiffige Saalkirche ein Nachzügler der Bettelordenskirchen des 13. und frühen 14. Jahrhunderts. Nur vereinzelt kam es hier zum Einsatz von Formengut der Renaissance (Abb. 44).

Ein Kirchenbau, der Stilformen der Gotik – Spitzbogenportal, Bogenfriese, Kreuzrippengewölbe – und der Renaissance vereint, ist Santi Nazaro e Celso am linken Etschufer (1466-83), während beim 1481 begonnenen Umbau von Santa Maria in Organo bereits ausschließlich architektonische und dekorative Elemente der Renaissance eingesetzt wurden (Abb. 136, 137).

Nicht anders als in der Zeit der Skaliger waren diese Um- und Neubauten auf private Stiftungen angewiesen. Das zeigt besonders anschaulich etwa der *Bibliothekssaal des Konvents San Bernardino,* den Graf Lionello Sagramoso und seine Gemahlin Anna Tramarino stifteten. Auf dem großen Fresko von Domenico Morone an der Stirnwand ist neben der Madonna und den Franziskanerheiligen nicht nur das Stifterpaar dargestellt, sondern auch das Kastell Malcesine, das die Sagramoso veräußerten, um den Saal und die Freskenausstattung zu bezahlen (Abb. 143).

Auch Veronas berühmtestes Fresko, Pisanellos um 1430-35 gemalter *»Heiliger Georg«,* war ein privater Auftrag. Gestiftet hatten es die Pellegrini für ihre Familienkapelle in Sant' Anastasia. Bemerkenswert, daß dieses Werk zu einer Zeit geschaffen wurde, als Verona bereits einige Jahrzehnte der Handelsrepublik

Endlich muß Verona vor allen Städten Italiens durch Menge und Wert bemalter Fassaden ausgezeichnet gewesen sein. Eine besondere klimatische Ursache oder irgendein Fehler des Mörtels hat leider bei weitem das meiste davon zerstört, und auch das Erhaltene ist nur dürftig erhalten, ungleich weniger als z. B. ähnliche Malereien in Florenz. An vielen Häusern ist nur etwa das Hauptbild seines religiösen Inhaltes wegen geschont und (freilich auch durch Übermalung) gerettet worden, während man die unscheinbar gewordenen Malereien der ganzen übrigen Fassade der Übertünchung preisgab. Und doch wäre gerade das Ganze dieser Dekoration unentbehrlich; mehr als irgendwo in Italien ist das Architektonische darauf berechnet . . .

Jakob Burckhardt, »Der Cicerone«, 1855

Venedig unterstand; denn nicht die politische Wirklichkeit, sondern das Ideal einer vergangenen Zeit spiegelt sich hier. Pisanello verherrlicht die Welt des Rittertums, indem er Rüstungen, Brokatgewänder, Pferde, Jagdhunde und Geschlechtertürme prunkvoll zur Schau stellt. Dieses Fresko mag daran erinnern, daß die Gestalt des Ritters im kaisertreuen Verona offensichtlich Tradition hatte: Im Bogenfeld des romanischen Portals von San Zeno finden sich Berittene, und die Paladine Karls des Großen, Roland und Oliver, zeigt das gleichzeitige Domportal des Meisters Nicolò; als ein »Turnier aus Stein« hat man die gotischen Skaliger-Grabmäler bezeichnet, wobei dem Ritter insbesondere durch das Reiterbild des Cangrande in Rüstung ein Denkmal gesetzt ist.

Eine besonders reiche Freskenausstattung erhielten im späten 15. und frühen 16. Jahrhundert die *Cappella San Biagio in Santi Nazaro e Celso* (u.a. durch Giovanni Maria Falconetto und Bartolomeo Montagna) sowie die Olivetanerkirche SANTA MARIA IN ORGANO (Abb. 137). Einer der Olivetanermönche war der äußerst vielseitig begabte Fra Giovanni da Verona, der als Miniaturenmaler, Bildhauer und Bronzegießer hervortrat und als Architekt den Campanile von Santa Maria in Organo entwarf. Seine Spezialität waren Intarsienarbeiten, die er außer für sein Mutterkloster, Monteoliveto Maggiore in der Toscana, auch für das Chorgestühl und die Sakristei in Santa Maria in Organo schuf (Abb. 138, 139). Stilleben, Tierdarstellungen, Stadtveduten oder Landschaften – alle diese Themen sind hier in virtuoser Beherrschung der Perspektive wiedergegeben. Es sind Sujets, wie sie in der zeitgenössischen Malerei nur im Detail erscheinen, noch nicht als selbständige Bildthemen.

Die Kirche S. Bernardino und der erste der beiden Kreuzgänge des Franziskanerklosters. Kupferstich von Pietro Chevalier (1828).

Palazzo Guastaverza-Malfatti von Sanmicheli und der barocke Palazzo Maffei (1668) aus der Publikation von Valesi (1753). Der dominierende Eindruck von Sanmichelis klassischen Prinzipien verhinderte die Ausbreitung des barocken Stils in Verona, so daß der Palazzo Maffei an der Piazza Erbe in der Stadt kaum Konkurrenz hat.

Michele Sanmicheli, Architekt des venezianischen Verona

Die Herrschaft der Venezianer wurde nur einmal kurzfristig unterbrochen, und zwar während der Jahre 1509-1517, als die Republik in Krieg mit der Liga von Cambrai stand. Zu dieser hatten sich Papst, Kaiser, die Könige von Frankreich, Spanien und England sowie mehrere italienische Staaten zusammengeschlossen, um der Macht Venedigs auf dem Festland Einhalt zu gebieten. In diesen Jahren hielten die Truppen Kaiser Maximilians Verona besetzt.

Nach dem Ende des Krieges und dem Abzug der kaiserlichen Besatzungstruppen ging Venedig an den Ausbau seiner Verteidigungsanlagen. An mehreren strategisch wichtigen Stellen der mittelalterlichen Stadtmauer wurden Bastionen errichtet – zunächst rund, später fünfeckig; überall dort, wo es notwendig erschien, verstärkten die Venezianer das Mauerwerk und ebneten schließlich um den ganzen Mauerring ein Schießfeld ein, wie es die neuartigen Artilleriegeschütze erforderten. Zu diesem Zweck mußten zahlreiche Privathäuser, aber auch Kirchen und Klöster abgerissen werden. Von 1530 an hat ein bedeutender Architekt diese städtebaulichen und fortifikatorischen Arbeiten geplant und geleitet: Michele Sanmicheli.

Der gebürtige Veroneser hatte die ersten Lehrjahre in Rom verbracht, wo er nicht nur die Werke der zeitgenössischen Baumeister – vor allem Bramante – studierte, sondern sich auch eingehend mit der anti-

Die Mauern der Stadt sind sehr weitläuftig und müssen viel gekostet haben. Zwey Meisterstücke von Thoren sind an derselben, wovon das eine Porta Stuppa verschlossen ist; man weiß keine andre Ursache anzugeben, als weil eben von hier nirgends wohin eine gangbare Straße führte, weder nach Brescia noch Mantua, welches die zwey befahrnen sind. Andere sagen noch, daß das Thor so schön gewesen sey, daß man es nicht hätte wollen befahren lassen; ob dieß gleich lächerlich ist, so muß man doch gestehen, daß es in ganz Italien und folglich wahrscheinlich der ganzen Welt das schönste ist. Ein wahres Meisterstück, ganz klaßisch, wodurch sich S. Micheli unsterblich gemacht hat.

Die Porta nuova ist vollendet; nicht so schön, aber hat mehr Einheit; sie hat nur einen Durchgang oder Bogen, ist aber doch noch fast breiter als die andre und äußerst massiv und fest. Oben darauf genießt man einer herrlichen Aussicht nach dem Gebürg und übersieht die ungeheure Ebne von Mantua.

Wilhelm Heinse, 8. August 1783

Die beiden Sanmicheli-Tore Porta Palio (oben) und Porta Nuova. Aus »Varie Fabriche antiche e moderne della Città di Verona« von Dionisio Valesi (1753), wohl beide nach Stichen von Francesco Zucchi nach Zeichnung von Saverio Avesani.

ken Architektur Roms auseinandersetzte. Nach dem Sacco di Roma, der Plünderung Roms durch die Landsknechte Kaiser Karls V. im Jahr 1527, folgte Sanmicheli einem Ruf der Republik Venedig, in deren Auftrag er unter anderem auch den Bau der Fortifikationen auf Korfu und in Dalmatien leitete. Der große Ruhm, den Sanmicheli schon bald genoß, lag vor allem darin begründet, daß er diese Aufgaben nicht nur nach militärischen, sondern auch nach ästhetischen Maßstäben vorbildlich löste. Ein Blick auf eines seiner Hauptwerke, die Veroneser PORTA PALIO, macht das deutlich: Die wuchtige Toranlage bildet auf der Stadtseite eine zweckmäßig gehaltene, streng rhythmisierte Front ganz aus Rustikaquadern aus, die auch die vorgelegten Halbsäulen einbeziehen (Abb. 157). Die fünf Bogenöffnungen sicherten den bequemen Zugang ins Innere der Anlage, das eine große Zahl von Soldaten aufnehmen konnte. An der Feldseite als der repräsentativen Schaufront war die Anzahl der Torbogen auf drei reduziert. Rustikaquader wurden auch hier eingesetzt, es dominiert jedoch die Säulenarchitektur über die Bossenquader. Es sind edle, kannelierte, doppelt gestellte Dreiviertelsäulen, die die Fassade in drei Abschnitte gliedern. Bei den kleinen Fußgängertoren setzte Sanmicheli die bekrönenden Dreiecksgiebel auf zierliche Voluten, wie er sie bei der alten, wahrscheinlich aus langobardischer Zeit stammenden Kirche San Salvatore in Spoleto gesehen haben dürfte. Martialisches und architektonische Extravaganzen verbinden sich zu einer hochrepräsentiativen Schauwand, von Giorgio Vasari als »miracolo del Sanmicheli« gerühmt. Die Veroneser Bezeichnung »Porta Stupa« rührt daher, daß sie gewöhnlich verschlossen ist und nur bei besonderen Anlässen – zum Beispiel beim Palio – geöffnet wird.

Bei der PORTA NUOVA schloß sich Sanmicheli enger an antik-römische Stadttore an (Abb. 165). Dies zeigt sich in der Anordnung der ursprünglich drei Tordurchgänge für den Wagenverkehr und die Fußgänger, im Einsatz der Rustika, in der Säulenordnung sowie in der Anlage der beiden runden Wehrtürme. Erst 1854 haben die Österreicher die beiden großen seitlichen Bögen geöffnet. Wie die Porta Palio war auch dieses Tor ein Festungsbau, in der Besatzung Platz fand und auf dessen Plattform Geschütze bereitstanden.

Der kraftvolle Stil Sanmichelis und die sichere Hand bei der Proportionierung seiner Bauten sind auch an den Palästen Veronas unverkennbar. Die drei wichtigsten, fast gleichzeitig (um 1530) entstanden, bezeugen in ihrer unterschiedlichen Gestaltung den Ideenreichtum des Architekten.

Der Palazzo Pompei am Lungadige Sanmicheli, in dem heute das Naturkundemuseum untergebracht ist, steht noch in der Tradition der römischen Hochrenaissance (Abb. 150). Dies zeigen das Bossenwerk im Untergeschoß und die auf plastische Wirkung angelegten, dabei gleichmäßig aneinandergereihten Achsen des Piano nobile. Die hohen, schmalen Rundbogenfenster verweisen hingegen schon auf Venedig, wo zur gleichen Zeit Jacopo Sansovino seine Paläste entwarf.

Die Fassade des Palazzo Bevilacqua wird im Obergeschoß durch das rhythmische Auf und Ab der großen und kleineren Fenster charakterisiert (Abb. 152). Plastisch hervortretende und zurückversetzte Elemente sind auf effektvolle Hell-Dunkel-Wirkung angelegt. Hier hat das römische Triumphbogenmotiv Pate gestanden, während die manieristisch verspielte Dekoration ganz unrömisch ist.

Sollte der Palazzo Canossa ebenfalls von Sanmicheli stammen, wie Vasari überliefert, und nicht von Giulio Romano, wie aus stilistischen Gründen anzunehmen ist, hat sich der Veroneser Architekt in vielen Details, aber auch im durchgehend flachen Relief an Giulio Romanos Palazzo del Tè in Mantua orientiert (Abb. 153). Die fast zeichnerische Art, die Fassade zu gliedern, ist dem übrigen Werk Sanmichelis fremd. Dies zeigt auch ein Sakralraum wie die Cappella Pellegrini in San Bernardino: Der Dekor des hohen Zentralraumes zeugt von Sanmichelis Antikenrezeption, wobei sich die spiralig geriefelten Säulen wiederum auf das Vorbild der Porta Borsari zurückführen lassen (Abb. 145). Die klare Gliederung und die sensibel modellierten Elemente verbinden sich zu einer klassisch anmutenden Raumgestaltung.

Unter den zahlreichen Werken, die Sanmicheli für Verona entworfen hat (Fassade von Santa Maria in Organo, Chorschranken des Domes, Fassadengestaltung der ehemaligen Skaliger-Paläste, Dom-Campanile) sei noch auf die Kuppel von San Giorgio in Braida hingewiesen, deren Tambour auf originelle Weise durch doppelte Blendbögen und dreifache Fensteröffnungen rhythmisch gegliedert ist. Mit dieser Kuppel setzte Sanmicheli im Veroneser Stadtbild einen markanten Akzent (Abb. 9, 65, 146).

Palazzo Bevilacqua und Palazzo Canossa. Aus »Varie Fabriche antiche e moderne della Città di Verona« von Dionisio Valesi (1753).

Sanmichelis Wirken als Festungsbauingenieur und als Architekt stand von Anfang an im Zusammenhang mit städtebaulicher Planung. Es galt, die seit der Skaligerzeit zwar von einem Mauerring umschlossenen, doch immer noch verstreuten Vorstadtsiedlungen und vor allem auch die neuen Stadttore an das alte Zentrum anzubinden. Mit dem Bau der Paläste Canossa und Bevilacqua, denen bald weitere folgten, wurde die Hauptverkehrsachse in süd-westlicher Richtung, die auf die Porta Palio zuführende ehemalige Via Postumia, der heutige Corso Cavour, aufgewertet. Mit der Errichtung der Porta Nuova war eine weitere repräsentative Einfahrtsstraße erforderlich. Sanmicheli plante daher den Corso Porta Nuova,

Auf dem Platz La Bra spaziert, sobald es dunkel wird, die schöne Welt von Verona oder sitzt dort auf kleinen Stühlchen vor den Kaffeebuden und schürft Sorbett und Abendkühle und Musik. Da läßt sich gut sitzen, das träumende Herz wiegt sich auf süßen Tönen und erklingt im Widerhall. Manchmal, wie schlaftrunken, taumelt es auf, wenn die Trompeten erschallen, und es stimmt ein mit vollem Orchester. Dann ist der Geist wieder sonnig ermuntert, großblumigè Gefühle und Erinnerungen mit tiefen schwarzen Augen blühen hervor, und drüber hin ziehen die Gedanken, wie Wolkenzüge, stolz und langsam und ewig.

Heinrich Heine, »Reise von München nach Genua«, 1828

zu dessen Realisierung es jedoch erst 1790 kam. Dieser Corso verläuft entlang der 1535 abgerissenen westlichen Mauer der Cittadella und mündet dann bei den PORTONI DELLA BRA auf die Piazza Bra, das Areal um das Amphitheater (Abb. 122).

Man wird das Gebiet der Bra im 16. Jahrhundert noch nicht als Piazza bezeichnen können. Es war ein ungestaltes Feld, auf dem Vieh- und Jahrmärkte abgehalten wurden, stellenweise durch einfache Häuser und Buden verbaut. Das veronesische Wort *bra* leitet sich – wie auch *braida* – vom deutschen *breit* ab und bedeutet weite Ebene.

Einen ersten Schritt zur Gestaltung des Platzes unternahm Sanmicheli mit dem Bau des PALAZZO GUASTAVERZA-MALFATTI (Abb. 156). Einen monumentalen Akzent erhielt die Piazza dann 1610 durch den Bau der Hauptwache, der GRAN GUARDIA, die nach Plänen von Domenico Curtoni, eines Verwandten Sanmichelis, errichtet wurde (Abb. 172, 173). In der Erdgeschoß-Loggia konnten bei schlechtem Wetter militärische Übungen und Paraden abgehalten werden. Das im Obergeschoß erst 1843-50 vollendete Gebäude ist ein Beispiel dafür, daß Sanmichelis Vorbild in Verona bis ins 19. Jahrhundert Gültigkeit behielt, während der Barockstil sich beim Palastbau nicht durchsetzen konnte. Barockpaläste, wie der PALAZZO MAFFEI, blieben die Ausnahme (Abb. 162).

Zur Beliebtheit der Piazza Bra trägt auch der 1780 gepflasterte, breite Gehweg bei, den man mit einem venezianischen Ausdruck Listòn nennt (Abb. 156). Jung und Alt, Veroneser und Touristen begegnen sich auf dieser berühmten Promenade zu einer Art der Kommunikation, die – vergleicht man einschlägige Reisebeschreibungen – seit zwei Jahrhunderten die gleiche zu sein scheint. Man geht hinaus aus dem

Piazza Bra Anfang des 19. Jahrhunderts. Schon einige Jahrzehnte zuvor, um 1780, war der gepflasterte Listòn angelegt worden (rechts im Bild). Geradeaus der im Obergeschoß noch unvollendete Palazzo Gran Guardia, dahinter die Portoni della Bra. Die Häuser am linken Bildrand, hinter der Arena, wurden erst 1843 abgerissen. Kupferstich von Marco Moroni, um 1810.

Zuschauerraum und Bühne des Teatro Filarmonico. Lithographie von Huquier (um 1750).

engen Gemäuer der Stadt, um hier weltstädtisches Flair und das Offene der Piazza aufzunehmen, um zu schauen und sich selbst zur Schau zu stellen.

1716 wurde die Piazza Bra durch den Bau des Teatro Filarmonico bereichert. Der grandiose Säulenportikus ist noch ursprünglich (Abb. 17), während sich das eigentliche Theater heute in einer Rekonstruktion von 1969 präsentiert, nachdem es zweimal (1760 und 1945) zerstört worden war. Im Vorhof des Theaters schuf Alessandro Pompei den architektonischen Rahmen für die Ausstellung von antiken Skulpturen, Inschriften, Sarkophagen, Grab- und Weihreliefs. Es war der Beginn einer Schausammlung, deren Zustandekommen mit der Person des Marchese Simone Maffei (1675-1750) verbunden ist (Abb. 18, 19). Maffei hat die Werke 1749 katalogisiert, und so trägt die Sammlung auch seinen Namen: Museo Lapidario Maffeiano. Sie kann sich rühmen, das erste von Anfang an für die Öffentlichkeit bestimmte Museum Europas zu sein.

Unter Fremdherrschaft

Die lange Regierungszeit der Serenissima wurde am 1. Juni 1796 mit dem Einmarsch der Truppen Napoleons beendet. Nach einer fast ununterbrochenen Friedenszeit von 280 Jahren mußte Verona nun eine fremde Besatzung ertragen. Der verzweifelte Widerstand der Bevölkerung wurde während der Ostertage 1797, die als »Pasqua Veronese« in die Geschichte eingingen, mit Kanonengeschossen aufs Grausamste niedergeschlagen. Der Veroneser Aufstand lieferte Napoleon den Vorwand, auch Venedig einzunehmen. In den Friedensverhandlungen von Campoformido am 17. Oktober 1797 und anschließend im Vertrag von Lunéville (1801) trat Napoleon den größten Teil des Veneto an Österreich ab. Nur die Gebiete rechts der Etsch verblieben in der Hand der Franzosen. Damit war Verona eine geteilte Stadt. Das Gebiet am rechten Etschufer – also der Hauptteil mit dem alten Zentrum – gehörte zur Repubblica Cisalpina, in der man versuchte, die neuen Freiheitsideale zu verwirklichen, während im österreichischen Stadtgebiet links der Etsch, von nun an »Veronetta« genannt, die feudale Gesellschaftsordnung aufrechterhalten wurde. Bischofskirche von Veronetta war Santi Nazaro e Celso. Im Oktober 1805 konnte Napoleon die ganze Stadt einnehmen, und Verona wurde Teil des Königreichs Italien.

Durch die Beschlüsse des Wiener Kongresses kam Verona 1814 mit der Lombardei und Venetien unter die Herrschaft Österreichs. Nach entbehrungsreichen, durch Steuerlasten schwer zu ertragenden Jahren wurden die neuen Machthaber als Befreier begrüßt. Tatsächlich brachten sie Arbeit, Ordnung und wirtschaftliche Verbesserungen, doch erwiesen sie sich bald als unnachgiebiger und despotischer als zuvor die französischen Besatzer. Heinrich Heine, der in seinen »Reisebildern« Eindrücke aus Verona schildert, empfand »das dumpfsinnige Geläute einer Betglocke und das fatale Getrommel des Zapfenstreichs« an diesem Ort befremdend, so daß »die stolzen römischen Geister verschwanden«.

Für die habsburgischen Monarchen stand die Erhaltung der Macht im Vordergrund. Verona verwan-

(JN)1100 (BM)530680

schloß Miramare bei Triest residierenden Erzherzog Maximilian, »Torri Massimiliani« genannt. Auch im Stadtgebiet erinnert vorwiegend Militärarchitektur an die österreichische Zeit: außer der bereits erwähnten Kaserne auf dem Colle San Pietro ein Militärhospital oder – am linken Etschufer, gegenüber dem Castelvecchio – das Arsenal, dessen Struktur sich noch heute im Stadtviertel Campagnola abzeichnet. An der Piazza Bra entstand als letztes monumentales Bauwerk 1835-43 der GRAN GUARDIA NUOVA genannte Palazzo im klassizistischen Stil als Sitz der österreichischen Militärverwaltung. Er ist heute Rathaus von Verona, wird daher auch *Palazzo Municipale* oder, nach dem Architekten, *Palazzo Barbieri* genannt (Abb. 174, 175).

Verona wurde wie Legnano, Peschiera und Mantua Eckpfeiler eines gigantischen Festungsvierecks, auf das Österreich seine Macht in Oberitalien stützte. An dieser uneinnehmbaren Festung prallten auch die bürgerlich-revolutionären Freiheitsbewegungen von 1848/49 ab. Erst auf diplomatischem Wege, durch Vermittlung Kaiser Napoleons III., konnte Österreich schließlich zur Freigabe von Oberitalien bewegt werden. Venetien und damit Verona trat als letztes Gebiet 1866 dem neugegründeten Königreich Italien bei.

Die bereits erwähnte Errichtung von Kaimauern zur Zähmung des Flusses brachte Ende des Jahrhunderts als wichtigste städtebauliche Veränderung die Anlage von neuen Uferstraßen, der «Lungadige» (Abb. 57).

Gegen Abend fuhren wir in die Giustischen Gärten, wo ich zuerst die Ehre hatte, unter Pinien (Zypressen) umherzuwandeln, und diesen edlen, melancholischen Baum in die blaue Luft steigen zu sehen. Der Garten geht hoch an einem Felsen hinauf, so daß gleichsam ein Garten über dem andern stehet, bis sich oben die weiteste, schönste Aussicht öffnet. Ganz Verona siehet man sich zu Füßen liegen, zur Linken die schöne Ebne, die bis Venedig hingeht, zur Rechten in die Ferne die blauen Gebirge, die unter einem Himmel, wie Ihr ihn nie sahet, daliegen ... Wir fuhren nach dem Corso, wo ich nochmals mein großes, großes, majestätisches Amphitheater begrüßte und von ihm Abschied nahm.

Johann Gottfried Herder an seine Frau Caroline, 5. September 1788

Das »Ala« genannte Reststück der äußeren Ringmauer der Arena. Lithographie nach Zeichnung von G. B. Cecchini (um 1850).

delte sich in eine regelrechte Festung, indem Mauern und Bastionen abermals verstärkt und rings um Verona, vor allem auf den Hügeln, Forts errichtet wurden (Forti Santa Sofia, San Leonardo, San Mattia) – nach des Kaisers Bruder, dem in seinem Traum-

Ich wandelte noch bis spät nach Mitternacht durch die Straßen Veronas, die allmählich menschenleer wurden und wunderbar widerhallten. Im halben Mondlicht dämmerten die Gebäude und ihre Bildwerke, und bleich und schmerzhaft sah mich an manch marmornes Gesicht. Ich eilte schnell an den Grabmälern der Scaliger vorüber; denn mir schien, als wolle Can Grande, artig, wie er immer gegen Dichter war, vor seinem Rosse herabsteigen und mich als Wegweiser begleiten.

Heinrich Heine, »Reise von München nach Genua«, 1828

Bedingt durch die Lage am Fuße der Hügel konnte sich im 20. Jahrhundert Veronas Stadtgebiet nur nach Westen – Richtung Valpolicella – und nach Süden – über die Eisenbahnlinie hinaus in Richtung Autobahn – ausdehen. Verona war zurückhaltender als das benachbarte Vicenza oder andere Städte Oberitaliens in der Ansiedlung von Industrie. Noch immer bilden Landwirtschaft, Weinbau und die traditionelle Marmorindustrie wichtige Wirtschaftszweige. So beschränkt sich die Einwohnerzahl auf 260.000, was erstaunen mag angesichts des verkehrsgünstigen Standortes. Doch die von allen Machthabern als strategische Basis ausgenutzte besondere Lage begünstigt die Stadt an der Etsch heute zunehmend als internationalen Handelsplatz, liegt sie doch im Schnittpunkt der Verkehrsverbindungen zwischen der italienischen Halbinsel und Mitteleuropa, zwischen Westeuropa und dem Balkan.

Als im 18. Jahrhundert die Bildungsreise nach Italien in Mode kam, wurde Verona eine beliebte Station des Kulturtourismus. Mancher literarisch berühmt gewordene Reisebericht zeugt vom Reichtum und dem besonderen Kolorit der Stadt. Gewiß hat auch Shakespeares »Romeo und Julia« zu ihrem Ruhme beigetragen. Im Prolog zu dieser Liebestragödie wird Verona schlicht als »schön« bezeichnet: »that fair Verona«. Wie sehr man auch heute noch vom »schönen Verona« sprechen kann, mag der folgende Bilderbogen zeigen.

COLONIA
AUGUSTA NOVA

1 *Porta Borsari (1. Jh. n. Chr.), Haupttor des römischen Verona; hier mündete die antike Via Postumia in den Cardo maximus, die ehemalige Hauptstraße der Stadt (heute Corso Porta Borsari/Corso S. Anastasia). Auf der Außenseite der Schaufassade bezeichnet eine Inschrift des Kaisers Gallienus aus dem Jahr 265 Verona als COLONIA AUGUSTA NOVA GALLIENIANA.*

2

2 Porta Borsari, Detail mit der antiken Inschrift auf dem Architrav über den Torbögen.

3 Porta Borsari, Detail der Schaufassade mit zwei Fenstern des Mittelgeschosses, deren Ädikula-Rahmen mit jenen der Torbögen korrespondieren.

3

4 *Verona besitzt noch ein zweites römisches Stadttor, die Porta Leoni. Diese Aufnahme zeigt die beiden historischen Schichten des Mauerwerks: Die hintere, aus Ziegel- und Tuffstein, stammt von der ersten, spätrepublikanischen Toranlage. Die Fassade aus weißen Veroneser Hausteinblöcken wurde in der frühen Kaiserzeit davorgebaut.*

4

5

5 *Die Fundamente einer der vier Türme der Porta dei Leoni, kürzlich bei Grabungen freigelegt; die entsprechenden Grundmauern der anderen drei Ecktürme liegen noch unter Privathäusern verborgen.*

6 *Antikes Mauerwerk der von Kaiser Gallienus im 3. Jahrhundert n. Chr. erweiterten Stadtbefestigung.*

7 *Antike Pflasterung des Cardo maximus (heute Corso Porta Borsari/Corso S. Anastasia) aus schwarzem Basalt der Val d'Alpone. Das freigelegte Teilstück zeigt noch die alten Wagenspuren.*

8 *Detail der Hauptansichtsseite des sogenannten Arco dei Gavi. Der viertorige römische Ehrenbogen wurde im 1. nachchristlichen Jahrhundert zum Ruhm der Gens Gavia und der Stadt Verona errichtet. Durch ihn verlief die einstige Via Postumia (heute Corso Cavour). In Napoleonischer Zeit abgetragen, wurde der Bogen 1932 an anderem Platz neben dem Castelvecchio wiederaufgebaut unter weitgehender Verwendung des originalen Baumaterials (vgl. Abb. 90). Eine Palladio-Zeichnung des Bogens leistete wertvolle Hilfe bei der Rekonstruktion.*

9 *Ponte della Pietra – Veronas ältestes monumentales Bauwerk. Wohl schon bald nach 89 v. Chr. errichtet, stellte diese Brücke die Verbindung zwischen dem Stadtzentrum und dem linken Etschufer mit dem Römischen Theater und der Zitadelle auf dem Colle S. Pietro her. Rund eineinhalb Jahrtausende jünger ist der Baukomplex von S. Giorgio in Braida am jenseitigen Ufer, überragt von der markanten Kuppel von Sanmicheli.*

10 *Der antike Ponte Pietra wurde mehrmals vom Hochwasser der Etsch zerstört. Einzig die Teile aus hellem Haustein am linken Etschufer sind antik, die Partien aus rotem Ziegel wurden unter den Skaligern und im 16. Jahrhundert erneuert. Der heutige Zustand ist eine Rekonstruktion nach dem Bombardement von 1945 mit originalem Baumaterial.*

11 *Das Römische Theater von Verona aus der frühen Kaiserzeit ist nach Umfang und Erhaltungszustand eines der bedeutendsten in Oberitalien. Wie bei vielen antiken Theaterbauten nutzten die Baumeister auch hier für die Konstruktion der halbkreisförmigen Cavea, auf deren Stufen die Zuschauer Platz fanden, die Hanglage.*

12 *Die Cavea des Römischen Theaters war oben von einer zweigeschossigen Galerie abgeschlossen, deren Bogenstellungen teilweise rekonstruiert werden konnten.*

13 *Bögen der Galerie des Römischen Theaters, dessen Ausgrabung und Rekonstruktion im 19. Jahrhundert begonnen und seit Anfang dieses Jahrhunderts von der Stadt Verona offiziell betrieben wurde.*

13

14 *Mit zunehmendem Verfall des Römischen Theaters in nachantiker Zeit breitete sich neue Bebauung darüber aus, die im 19. und 20. Jahrhundert den Grabungen weichen mußte. Einzig das frühmittelalterliche Kirchlein Santi Siro e Libera und das Kloster S. Girolamo blieben bestehen.*

15 *Kreuzgang des Klosters S. Girolamo, erbaut über den Ruinen des Theaters.*

17

16, 17 *Im ehemaligen Kloster von S. Girolamo im antiken Theaterbezirk hat seit 1923 das Archäologische Museum der Stadt Verona seinen Sitz. Es bewahrt zahlreiche Funde, die bei den Grabungen hier am Ort zutage kamen, aber auch andere antike Objekte, darunter etruskische und römische Porträtplastik – wie das hier gezeigte Bildnis des jugendlichen Augustus und den augusteischen Bronzekopf aus der Etsch.*

18, 19 *Ein anderes, einst hochberühmtes Antikenmuseum, das älteste seiner Art in Europa, ist das Museo Lapidario Maffeiano an der Piazza Bra. Sein Begründer, der gelehrte Marchese Scipione Maffei, ließ den klassizistischen Portikus eigens für seine Sammlung griechischer, etruskischer und römischer Skulpturen und Architekturfragmente erbauen. Hier der Blick aus dem frei zugänglichen Hof, in dem Teile der Sammlung aufgestellt sind, auf den ionischen Säulenportikus des Teatro Filarmonico. Im Inneren begegnen wir unter anderem diesem Sarkophag eines Knaben, der nach Art der Etrusker lebensnah auf dem Deckel ruhend dargestellt ist.*

19

20 *Trotz erheblicher Verluste der originalen Bausubstanz und vieler Veränderungen ist die Arena von Verona das drittgrößte erhaltene römische Amphitheater – nach dem Kolosseum in Rom und der Arena von Capua –, dabei insgesamt am besten erhalten. Der Gesamteindruck des intakten Bauwerks muß einst grandios gewesen sein.*

21 *Von dem äußeren Mauerring, der einstigen Fassade aus mächtigen Blöcken des hellen Veroneser Steins, steht nur noch ein vierachsiges Fragment, die sogenannte Ala; der Rest ging wahrscheinlich beim Erdbeben von 1183 verloren. Stattdessen tritt heute die nächstfolgende innere Stützmauer aus Haustein und Ziegelmauerwerk nach außen in Erscheinung. Sie ist zweigeschossig und hat – wie einst die Fassade – 72 Arkaden, die vollständig erhalten sind.*

22 *Goethe verglich das riesige Innere des Amphitheaters mit einem Krater. Die einundvierzig, nach 1569 vollständig erneuerten Sitzreihen steigen von der Platea, der zentralen Arena von ovalem Grundriß (44,5 x 73,5 m), gleichmäßig an. Zugänglich sind die Zuschauerränge über gewölbte, umlaufende Korridore mit insgesamt 72 Treppenaufgängen, deren Mündungen in die Cavea eingeschnitten sind. Das ingeniöse unterirdische Kanalsystem des kolossalen Bauwerks beweist einmal mehr die überragenden technischen Fähigkeiten der römischen Baumeister.*

23 *Die ursprüngliche Funktion der römischen Arena als Schauplatz von Zirkusspielen, Gladiatorenkämpfen und Tierhetzen wandelte sich im Laufe der Jahrhunderte, ohne jedoch den populären Charakter zu verlieren. Im Mittelalter veranstaltete man hier gelegentlich Ritterturniere, später gab es Theater und Spiel aller Art. Seit 1913 finden in der Arena im Sommer festliche Opernaufführungen statt, die inzwischen Weltruf erlangt haben. Diese größte Freilicht-Operbühne faßt über zwanzigtausend Zuschauer.*

21

24 *Als Höhepunkte der Opernfestspiele von Verona gelten die Aufführungen von Verdis Aida. Hier wird alles aufgeboten für ein grandioses Spektakel: Bühnenbild, Inszenierung, Belcanto-Stars, Chor und Statisten. Die Aufnahme stammt von einer Aufführung im Sommer 1989 unter der Regie von Gianfranco De Bosio.*

VERONESER ROMANIK

25 *Die Kirche von S. Zeno – dem 8. Bischof von Verona und Patron der Stadt geweiht – gilt als einer der bedeutendsten mittelalterlichen Sakralbauten Italiens. Besonders kunstreich ist die Fassade mit ihrer markanten Lisenengliederung. Sie gehört dem Neubau des 12. Jahrhunderts an, der nach dem Erdbeben von 1117 die zerstörte Vorgängerkirche ersetzte. Das romanische Baldachinportal ist als Werk des Meisters Nicolò bezeugt, dem wir am Veroneser Dom wiederbegegnen (vgl. Abb. 66–68).*

26, 27 *Eine besondere Kostbarkeit der Ausstattung von S. Zeno sind die Bronzereliefs des Hauptportals. Die 48 quadratischen Bildplatten werden teils in das frühere, teils in das*

spätere 12. Jahrhundert datiert, wobei deutlich zwei Werkstätten zu unterscheiden sind. Die Reliefs zeugen von ungewöhnlicher künstlerischer Originalität und technischer Meisterschaft. Eines der Bronzereliefs der älteren Werkstatt zeigt zwei nährende Mütter, gedeutet als allegorische Darstellung vom Baum der Tugenden und Baum der Laster.

28 *Romanisches Fassadenrelief von S. Zeno: Der Reiter, der zur Hirschjagd ins Horn bläst, gilt als der Gotenkönig Theoderich (= Dietrich von Bern), der häufig in Verona residierte. Der Sage nach wurde er, der Arianer, bei einer Jagd vom Teufel geholt.*

AVE
MARIA

PASTORES

29 *Im zweiten und dritten Register der Fassadenreliefs von S. Zeno sind links Szenen des Neuen Testaments dargestellt: Verkündigung, Heimsuchung, Geburt Christi, Verkündigung an die Hirten, Anbetung der Könige, Darstellung im Tempel, Traum Josephs. Signiert hat sie Guglielmus, wohl ein Schüler Nicolòs.*

30 *Die Portalanlage von S. Zeno: ein Meisterwerk romanischer Architektur und Skulptur. Das Tympanonrelief zeigt Ritter und Fußvolk mit Standarten zu seiten des hl. Zeno und ist wohl im Zusammenhang mit der Stadtgeschichte zu sehen: Zur Zeit seiner Entstehung, um 1138, konstituierte sich die freie Kommune – eine Entwicklung, die alsbald den deutschen Kaiser im »Reichsland« Oberitalien auf den Plan rufen sollte.*

31 *Details des Fassadendekors von S. Zeno: allegorische Szene, Fabelwesen, Akanthus und ein ornamentaler Bogenfries über den Lisenen.*

31

32 *Einer der beiden Löwen aus rotem Marmor, die die Säulen des Portalvorbaus tragen.*

33 *S. Zeno: Die schlanken Biforien der Fassade und ein Detail des Portalvorbaus, in den Meister Nicolò ältere skulpturale Fragmente einbezog.*

34 *Farbigkeit und Formenreichtum der Veroneser Romanik verbinden sich in S. Zeno zu einer vollkommenen Synthese. Die rot-weiße Streifung des Mauerwerks ist eine lokale Besonderheit, die uns in Verona bei romanischen Bauwerken immer wieder begegnet.*

32

35 *Der Kreuzgang von S. Zeno: Zwei Flügel mit romanischen Rundbogen über Zwillingssäulen aus rotem Marmor stammen noch aus der Erbauungszeit (1123), die beiden anderen mit Spitzbogenarkaden wurden in gotischer Zeit erneuert (um 1400).*

36 *Harmonie und Eleganz der romanischen Bauformen von S. Zeno kommen besonders gut vom Kreuzgang aus zur Geltung. Das basilikale Langhaus wird überragt von einem Campanile, der mit seiner eleganten Gliederung und den zweigeschossigen Triforien-Klangarkaden einer der schönsten im Veneto ist (siehe auch Abb. 159).*

35

37 *Der Innenraum von S. Zeno, streng und festlich zugleich: Der Blick aus der Krypta nach Westen geht durch das hohe, querschifflose romanische Mittelschiff mit Säulen und schweren Vierkantpfeilern im Wechsel. Den oberen Abschluß bildet eine kassettierte und bemalte Holzdecke in Form eines Schiffskiels (um 1400), wie sie im Veneto beliebt sind.*

38 *Im Blick vom Hauptportal nach Osten öffnet sich der gotische Hochchor, in dessen Mittelpunkt der berühmte Mantegna-Altar steht. Unter reich skulptierten Arkadenbögen führen Stufen hinab in die weite Krypta mit dem Sarkophag des hl. Zeno, Patron der Kirche und der Stadt. Die Marmorskulpturen (Christus und die Apostel, um 1260) wurden erst 1870 auf die Balustrade gestellt.*

39 *Das Altar-Triptychon des jungen Andrea Mantegna, 1459 hier aufgestellt, ist ein Hauptwerk der oberitalienischen Frührenaissance. In der virtuosen Beherrschung der Perspektive, im Illusionismus des dreidimensionalen Bildraums – hier durch die Einheit von Rahmen- und Bildarchitektur betont – sowie in der Vorliebe für üppigen Dekor und antikes Formengut zeigen sich bereits Mantegnas künstlerische Errungenschaften. Kein Wunder, daß dieses Bild zu den Kunstwerken gehörte, die Napoleon für sein Zentralmuseum in Paris fortschaffen ließ. Der Hauptaltar kehrte zwar zurück, die Predellentafeln jedoch befinden sich weiterhin im Louvre und im Museum von Tours (in S. Zeno durch Kopie ersetzt).*

40 *»Madonna Bianca«, Fresko in S. Zeno aus der Mitte des 14. Jahrhunderts.*

41 *Die thronende Madonna mit Kind im Zentrum von Mantegnas Triptychon: Die reale Dingwelt und die Formensprache der Antike wurden zum Maßstab einer neuen Kunstauffassung. Hinter dem Nimbus der Madonna wiederholt sich in der Thronarchitektur das Radfenster der Kirchenfassade.*

42 *Gotische Fresken und Teile eines romanischen Portalvorbaus, wiederverwendet als Altaraufbau: S. Zeno ist eine Schatzkammer mittelalterlicher Kunst.*

43 *Die geräumige Krypta von S. Zeno mit dem Grab des Stadtpatrons wird gegliedert von 48 Säulen mit teils antiken, teils romanischen Kapitellen. Der Sarkophag des Heiligen wurde erst Ende des 19. Jahrhunderts hierher versetzt.*

44 *Veroneser Türme – Wahrzeichen der Stadtgeschichte: im Vordergrund der Campanile von S. Maria in Organo, dahinter die Silhouetten von S. Eufemia und S. Zeno; im Mittelgrund die profane Dominante der Torre Lamberti und die mittelalterlichen Paläste der Skaligerzeit.*

45, 46 *Romanische und gotische Stilelemente nebeneinander sieht man bei der Doppelkirchenanlage von S. Fermo Maggiore. Ihre verschiedenen Bauphasen erschließt der Blick auf die Chorpartie mit dem gedrungenen Campanile: Über schweren romanischen Mauern des 11. Jahrhunderts erhebt sich das hohe gotische Chorpolygon vom Umbau des frühen 14. Jahrhunderts, nachdem die Franziskaner den Komplex 1260 von den Benediktinern übernommen hatten. Die Veroneser Vorliebe für chromatische Wirkung zeigt sich auch hier am Mauerwerk, an den Bogenfriesen, Fialen und Wimpergen.*

47, 48 *Die lombardische Tafelfassade der Oberkirche von S. Fermo Maggiore, vollendet um 1340, zeigt ebenfalls die typische Veroneser Zebrastreifung der Gesteinslagen. Das romanische Stufenportal steht in merkwürdigem Kontrast zu den gotischen Lanzettfenstern darüber. Links vom Portal das Baldachin-Grabmal des 1368 verstorbenen Aventino Fracastoro, Leibarzt der Skaliger. Bei der jüngsten Restaurierung kamen Reste der farbigen Fassung zum Vorschein.*

49

50

49, 50 *Ein Säulenwald kennzeichnet die romanische Unterkirche von S. Fermo Maggiore. Gleich einer Krypta besteht sie aus regelmäßigen quadratischen Jochen in Form einer vierschiffigen Halle. Von der Grundrißkonzeption her war sie allerdings als dreischiffige Anlage gedacht, deren Mittelschiff dann durch eine schlanke Stützenreihe unterteilt wurde, um die Oberkirche zu tragen. Die Fresken an Pfeilern und Wänden gehören zu der gotischen Ausmalung im Geiste der Franziskaner.*

51

51 *Das einschiffige Innere der Oberkirche von S. Fermo Maggiore zeigt trotz späterer Eingriffe das Erscheinungsbild der franziskanischen Erneuerung. Ein Meisterwerk seiner Art, zugleich Prototyp aller späteren Beispiele in Venetien, ist die schwere geschnitzte und mit Intarsien verzierte Holzdecke in Form eines umgekehrten Schiffskiels. Eine elegante Chorschranke grenzt die Hauptchorkapelle ein. An der Stirnwand, über den Fresken der Marienkrönung und Anbetung der Könige, die bemerkenswerte Darstellung der knienden Stifter des franziskanischen Neubaus mit dem Kirchenmodell.*

52 *Die größte Sehenswürdigkeit in der Oberkirche von S. Fermo Maggiore ist das Grabmal des Nicolo Brenzoni (gestorben 1422), das die künstlerische Wende jener Zeit repräsentiert. Zwei bedeutende Meister der Frührenaissance haben hier zusammengearbeitet: der Bildhauer Rosso Fiorentino und der Maler Pisanello. Zeigen die Freifiguren der zentralen Auferstehungsszene, hinterfangen von einem von Engeln gerafften, baldachinartigen Vorhang, bereits antikisierende Züge der Frührenaissance, so erscheint Pisanellos Verkündigungsfresko in den Zwickeln darüber als letzte Verfeinerung der höfischen Gotik, bevor sich auch dieser Maler dem Neuen zuwendet. Bemerkenswert die Synthese von Grabmalsfunktion und Auferstehungsikonographie, indem Christus auf dem Sarkophag des Verstorbenen erscheint. Das Brenzoni-Grabmal hat eine Parallele in dem des Cortesia Sarego (vgl. Abb. 113).*

53 *Auch die zylindrischen Westtürme von S. Lorenzo zeigen die Veroneser Vorliebe für polychromes Mauerwerk aus Tuff- und Ziegelstein.*

54 *Die Kirche S. Lorenzo, die in ihren Ursprüngen in die Langobardenzeit zurückreicht, zeigt heute nach Kriegsschäden und Restaurierung wieder die reinen romanischen Formen des 12. Jahrhunderts. Hier ein suggestiver Blick in das steile dreischiffige Innere mit Stützenwechsel und Emporen.*

55 *Der Außenbau von S. Giovanni in Valle präsentiert sich am eindrucksvollsten in der Apsidengruppe, die ein fein skulptierter Rankenfries ziert. Mauerwerk und Fries bestehen hier ganz aus Tuffquadern; nur die Mittelapsis enthält im unteren Teil noch römisches Mauerwerk.*

56 *Einer der beiden erhaltenen Kreuzgangflügel von S. Giovanni in Valle: Schlanke Zwillingssäulen aus rotem Marmor tragen Rundbögen aus gelblichen Tuffquadern.*

53

57 *Blick vom linken Flußufer über die Etsch auf Ponte Pietra; auf dem Hügel die österreichische Festung San Leonardo. Nachdem der Gebirgsfluß 1882 die Stadt wieder mal mit einem verheerenden Hochwasser heimgesucht hatte, wurden die Ufer mit Kaimauern befestigt.*

58 *S. Anastasia und der Dom, die beiden dominierenden mittelalterlichen Sakralbauten innerhalb der Etschschleife. Zu der venetischen Backsteingotik der Dominikanerkirche kontrastiert die romanische Basilika mit dem andersartigen Akzent des Campanile, der erst 1926 nach Plänen von Sanmicheli vollendet wurde.*

59 *Triumphbogen und Mittelapsis der ehemaligen Abteikirche SS. Trinità in Monte Oliveto sind ganz mit gotischen Fresken des 14. und 15. Jahrhunderts ausgemalt. Die Darstellung des »Gnadenstuhls« in der Apsiskalotte hat eine Parallele am Portal von S. Anastasia (vgl. Abb. 104).*

60 *Blick durch den einschiffigen, im 16. Jahrhundert umgebauten Innenraum der Kirche SS. Trinità (Baubeginn 1073); im Vordergrund die Kreuzrippengewölbe der Nonnenempore mit floraler Bemalung des 16. Jahrhunderts.*

59

61 *Die barocke Cappella degli Innocenti in S. Stefano, einer der ältesten bezeugten Kirchengründungen der Stadt, bewahrt die Reliquien von frühchristlichen Märtyrern und heiligen Veroneser Bischöfen. Das Altarbild, das Pasquale Ottino um 1620 in Auseinandersetzung mit Guido Renis Gemälde des gleichen Sujets schuf, zeigt »Die Ermordung der unschuldigen Kinder«.*

INSTAURATUM
CAPPELLA
DEI MARTIRI E DEI
SANTI VESCOVI VERONESI

SENSO UNICO

62 *S. Stefano: Blick von Osten auf die Apsidengruppe. Die Kirche zeigt im wesentlichen die Baugestalt des 10. bis 12. Jahrhunderts. Hinter der großen, von Lisenen gegliederten Apsis liegt ein interessanter Umgangschor des 10. Jahrhunderts. Eine Seltenheit im Veneto ist der oktogonale Vierungsturm, angeregt durch lombardische Vorbilder.*

63 *Mittelalterliches Fassadenrelief des späten 13. Jahrhunderts am Haus Da Campo, dem sogenannten »stal de le vécie« am Corso Porta Borsari. Dargestellt sind die Muttergottes mit Kind, der Gnadenstuhl, Michael als Seelenwäger und Raphael mit Tobias.*

64 *Die malerische Via Sotto-riva am Etschufer mit ihren charakteristischen Lauben-gängen erinnert an jene Zeit, als die Etsch noch eine elemen-tare Funktion im wirtschaft-lichen Leben der Stadt besaß.*

65 *Blick vom Colle S. Pietro auf die Stadt und den Dom; rechts am Bildrand die Kirche S. Giorgio in Braida. Der römische Ponte Pietra verbindet seit zweitausend Jahren die beiden Flußufer. Im Vorder-grund links Reste der Scenae frons des Römischen Theaters.*

AVG. VAL. CARD.
EPISC. VERON.

66–68 *Die Fassade des Doms S. Maria Matricolare trägt deutliche Spuren des Umbaus in gotischer Zeit, so die nach venezianischer Art rechteckig gerahmten Lanzettfenster. Von der romanischen Basilika, die nach dem Erdbeben von 1117 den Vorgängerbau ersetzte, blieb jedoch die zweigeschossige Portalanlage erhalten: das Werk jenes Meisters Nicolò, der zuvor in S. Zeno tätig war.*

67 *Einer der geflügelten Marmorgreifen, die die spiralförmig kannelierten Säulen des Vorbaus tragen. Von feinster skulpturaler Qualität ist der ornamentale Dekor des Gewändes.*

67

69, 70 *Das kleine romanische Portal an der Dom-Südflanke von 1130 überrascht durch seine originelle skulpturale Ausstattung. Auf Kapitellen und Architraven entfaltet sich eine skurrile Fabelwelt. Bemerkenswert die Darstellung von Jonas, der vom Wal verschlungen wird. Die Apsis links vom Portal stammt nicht aus romanischer Zeit, sondern gehört zu einer der im 15. Jahrhundert angelegten Seitenschiffskapellen und ist somit ein bemerkenswertes Beispiel historisierender Architektur zur Zeit der Frührenaissance.*

*

71, 72 *Der um 1110 erbaute Kreuzgang der Kanoniker des Domes besitzt an seiner Ostseite noch die zweigeschossige romanische Arkadenreihe mit schlanken Zwillingssäulen. Die auf tieferem Bodenniveau freistehende Säule gehörte zur zweiten frühchristlichen Vorgängerkirche des Domes.*

ISA

1%
PER IL
TERZO
MONDO

73, 74 *Das Innere des Domes gewann seine Raumwirkung durch den Umbau des 15. Jahrhunderts. Hohe und weite Arkaden verleihen den drei Schiffen hallenartige Weite und Überschaubarkeit. Der halbkreisförmigen Renaissance-Chorschranke liegt ein Entwurf von Michele Sanmicheli zugrunde. Die Fresken im Chorbereich zeigen u.a. die zum Himmel auffahrende Muttergottes und gigantische Apostel, gemalt von Francesco Torbido nach Kartons von Giulio Romano. – Die Wandflächen in den ersten sechs Seitenkapellen des Domes wurden u.a. von Giovanni Maria Falconetto 1503 mit phantasievoller Architekturmalerei versehen.*

75

75, 76 *S. Giovanni in Fonte, das dreischiffige Baptisterium im Dombezirk, gehört zu den romanischen Veroneser Kirchen, die nach dem Erdbeben von 1117 erneuert wurden. Das Taufbecken, um 1200 aus einem Marmormonolithen gehauen, ist ein Höhepunkt romanischer Skulptur in Italien. Dargestellt sind Szenen der Heilsgeschichte (links die Verkündigung).*

STADT DER SKALIGER

77 Torre dei Lamberti: ehemaliger Geschlechtertum und stolzes Wahrzeichen der mittelalterlichen Stadtrepublik. 1172 begonnen, später aufgestockt, überragt der Turm den ältesten Kommunalpalast Italiens.

78 Blick von der Torre dei Lamberti auf die Piazza delle Erbe. Hier, am ehemaligen römischen Forum, hat sich seit dem Mittelalter der Markt etabliert. Die Denkmäler auf der Piazza – im Bild Brunnen und Markussäule – sind markante Zeugnisse der Veroneser Stadtgeschichte. Einen eigenwilligen Akzent setzt der barocke Palazzo Maffei am Nordende der Piazza.

79, 80 Den großen Brunnen auf der Piazza delle Erbe ließ Cansignorio della Scala 1368 errichten. Antik ist die monumentale Brunnenschale, ebenso die bekrönende Statue, »Madonna di Verona« genannt. Sie stand angeblich schon auf dem römischen Forum (Kopf und Arme sind ergänzt). Auf ihrem Schriftband das stolze Veroneser Motto: EST IUSTI LATRIX URBS HAEC ET LAUDIS AMATRIX. Die Wasserspeier-Masken am Brunnenschaft stellen dar: Verona, Kaiser Lucius Verus, die Könige Alboin und Berengar.

77

81 *Häuser der Mazzanti – malerische Kulisse der Piazza delle Erbe gegen die benachbarte Piazza dei Signori. Zuvor im Besitz der Skaliger, dienten sie eine Zeitlang als öffentlicher Kornspeicher. Zu Beginn des 16. Jahrhunderts wurde der Häuserkomplex von der Kaufmannsfamilie Mazzanti erworben, die die Fassaden von Alberto Cavalli und anderen mit mythologischen Fresken bemalen ließ.*

81

MATH MAZZĀTHVS
PATRIÆ ORNAMENTO
SVI ET SVORVM
AC BENE GVBERNATIV
COMODO · F · I ·

82 *Casa dei Mercanti, mit der Schmalseite den Marktständen der Piazza delle Erbe zugewandt. Der von Alberto della Scala 1301–04 als Sitz der Kaufmannschaft von Verona errichtete Bau mit den Blendarkaden über gotischen Biforien wurde 1878 unter Verwendung alten Baumaterials in seiner mittelalterlichen Gestalt rekonstruiert. Die frühbarocke Madonnenstatue von Girolamo Campagna war eine Votivgabe Veroneser Kaufleute, hier aufgestellt im späten 19. Jahrhundert.*

MARIÆ
QVÆ EST MAXIMA
CHRISTI . MATRI
CONSERVATRICI
SECVNDÆ
COTIDIE . HORA
HOMINES . ADORANTO
OMNES . NEGOTIATORES
STIPE COLLATA

83 *Blick aus der Via Mazzanti mit Renaissancebrunnen des 15. Jahrhunderts auf den Wehrturm des ehemaligen Palazzo des Cansignorio (Palazzo dei Tribunali) an der Piazza dei Signori.*

84, 85 *Piazza dei Signori, der »Salon« der Stadt, politisches Zentrum der Skaliger wie der Venezianer. Blick auf die Fassade des Palazzo del Governo, ehemals Palazzo des Cangrande della Scala; über dem repräsentativen Renaissanceportal von Sanmicheli der Markuslöwe. Rechts Palazzo dei Tribunali, ehemaliger Palazzo des Cansignorio della Scala, mit venezianischer Renaissancefassade und ebenfalls einem Portal von Sanmicheli. Das Dante-Standbild (19. Jh.) erinnert daran, daß Italiens größter Dichter hier in Verona seit 1304 die ersten Jahre seines Exils verbrachte. Cangrande della Scala gehört zu den wenigen Auserwählten, die in Dantes »Paradiso« erwähnt werden – der Ruhm der Skaliger wurde nicht zuletzt dadurch unsterblich.*

86 *Die Erinnerung an die Skaliger ist auf dem kleinen Friedhof bei dem Kirchlein S. Maria Antica im Bereich der ehemaligen Skaliger-Paläste unmittelbar präsent, denn hier haben sich die stolzen Herren von Verona Denkmale für die Ewigkeit gesetzt. Das prunkvollste der Grabmonumente ist das von Cansignorio (gestorben 1375). Reich geziert mit Fialen und Wimpergen, umschließt das monumentale gotische Tabernakel den von sechs Rittern bewachten Sarkophag mit der Liegefigur des Verstorbenen, der auf der Spitze des Monuments noch einmal als Reiter in voller Rüstung erscheint (vgl. Abb. 88). Rechts am Bildrand das Reiterstandbild des Cangrande della Scala in einer Nachbildung. Das Original steht jetzt im Castelvecchio (Abb. 93, 95).*

83

IOANNE DELPHINO LAV·F·PRAETORE

87 *In dem kunstvollen schmiedeeisernen Gitter, das die Skaliger-Gräber dreiseitig umgibt, kehrt in den Vierpässen beziehungsreich das Symbol des Hauses della Scala (= Leiter) wieder.*

88 *Die Reiterstatue des Cansignorio della Scala oben auf seinem Grabmal vor der Kulisse des alten Skaliger-Palastes ist ein signiertes Werk des lombardischen Bildhauers Bonino da Campione von 1375/76. Vorbild war das rund 50 Jahre ältere Reitermonument des Cangrande, ein Wahrzeichen des mittelalterlichen Verona (vgl. Abb. 93).*

87

89 *Der zinnenbekrönte dreibogige Ponte Scaligero, die Etschbrücke beim Castelvecchio, malerischer Akzent im Stadtbild von Verona, ist Bestandteil der wehrhaften Kastellanlage, mit der die Skaliger Mitte des 14. Jahrhunderts ihre zunehmend schwächer werdende Herrschaft zu sichern suchten.*

90 *Castelvecchio: Die Trutzburg der Skaliger, behielt auch unter den späteren Machthabern ihren wehrhaften Charakter. Der imposante Komplex aus rotem Ziegelstein in der Abenddämmerung über den Fluß hinweg. Links im Bild der römische Ehrenbogen Arco dei Gavi an seinem neuen Standort (vgl. Abb. 8).*

91 *Auf der Etschbrücke beim Castelvecchio. Die Skaliger hielten sich mit dem befestigten Flußübergang den Fluchtweg nach Norden offen.*

92 *Blick von der Skaliger-Festung über die Etsch auf S. Zeno Maggiore außerhalb der mittelalterlichen Stadtmauer.*

93, 94 *Castelvecchio: Das heutige Erscheinungsbild ist das Werk des berühmten Architekten Carlo Scarpa, der hier in Verona Maßstäbe einer modernen Auffassung im Umgang mit historischer Bausubstanz setzte, indem er den Komplex 1958–60 restaurierte und zugleich durch moderne Elemente bewußt veränderte. Er verwandte dabei altes Baumaterial von Veroneser Palästen, zu dem die modernen Stahl- und Bestonstrukturen in harmonischen Kontrast gesetzt sind.*

95 *Seit 1924 beherbergt das Castelvecchio Veronas bedeutendste Kunstsammlungen. In den Museumsrundgang hat der Architekt Scarpa auch Treppen und Denkmäler im Freien einbezogen, wie das Reiterbild Cangrandes I .von seinem Grab bei S. Maria Antica (vgl. Abb. 86, 93). Die alte Stadtmauer aus kommunaler Zeit trennte den zu Verteidigungszwecken angelegten Hauptteil des Kastells vom Wohnbereich der Skaliger.*

93

96, 97 *In der Skulpturengalerie des Castelvecchio: Die Einbauten Scarpas sind moderne Zutaten im Sinne der neuen musealen Funktion dieser historischen Architektur. Die Synthese von alt und neu gelingt unter Wahrung äußerster Strenge und Zurückhaltung zugunsten einer gesteigerten Wirkung von Raum und Kunstwerken. Dieses Veroneser Konzept Scarpas hat inzwischen Schule gemacht.*

98 *Die Pinakothek des Museo del Castelvecchio nimmt die beiden oberen Stockwerke ein. Zu sehen sind insbesondere Werke der oberitalienischen Malerei, darunter berühmte Meister wie Mantegna, Giovanni Bellini, Carlo Crivelli und Paolo Veronese (1528–1588). Abgebildet ist Veroneses »Kreuzabnahme« aus der Kirche S. Maria della Vittoria, mit der bereits der Zwanzigjährige den großen Meister der Komposition erkennen läßt.*

99, 100 *Museo del Castelvecchio, Pinakothek: Die Salome mit dem Haupt des Johannes (Ausschnitt einer Tafel von Callisto Piazza, 1500–ca.1550) zeigt Reminiszenzen an Giorgione und Palma Vecchio. Bei Sophonisbe mit dem Giftbecher (Ausschnitt einer Tafel des Veroneser Malers Giovanni Francesco Caroto, ca. 1480–nach 1550) hat hingegen die Kunst Raffaels Pate gestanden. Beide Frauenbildnisse, die biblische Salome und die Karthagerprinzessin aus der Geschichte der Punischen Kriege, sind Beispiele für eine weniger innovative als auf die großen Meister der Zeit antwortende Strömung der oberitalienischen Malerei des 16. Jahrhunderts.*

98

101 *Blick auf Verona vom Colle S. Pietro. Rechts im Bild die Chorpartie von S. Anastasia, dahinter die Torre dei Lamberti über den Wehrtürmen und Palästen der Skaliger.*

102 *Die gotische Dominikanerkirche S. Anastasia am Etschufer vor Colle S. Pietro. Den mächtigen geschlossenen Baukörper aus Ziegelmauerwerk überragt ein mit Lisenen und Bogenfriesen elegant gegliederter venezianischer Campanile. Jenseits des Flusses, links im Hintergrund, das Römische Theater, ganz oben die österreichische Kaserne, Castel S. Pietro.*

103 *In der Basilika S. Anastasia, erbaut zwischen 1290 und 1481, manifestiert sich die gotische Baukunst in ihrer italienischen Ausprägung auf geradezu klassische Weise. Besonders die Ostansicht über die Etsch ist von großartiger Wirkung (vgl. Abb. 101). Die Detailaufnahme zeigt die Chorpartie in ihrer strengen architektonischen Gliederung, aufgelockert durch das rhythmische Spiel der Bogen- und Kreuzbogenfriese.*

104 *Die unverkleidet gebliebene Fassade von S. Anastasia wird beherrscht von einem abgestuften Doppelportal. Die farbig abgesetzten Gesteinslagen der Gewände und Archivolten nehmen die Polychromie des Inneren vorweg. In den Bogenfeldern verblaßte Fresken mit lokalem Bezug: rechts Dominikanermönche unter Führung des Petrus Martyr mit der Ordensfahne, links Veroneser Bürger, voran S. Zeno, mit dem Stadtbanner. Im großen Bogenfeld eine Darstellung des »Gnadenstuhls«.*

103

105 *S. Anastasia, Detail des Portals: über dem Trumeau eine gotische Madonna des 14. Jahrhunderts, am Architrav links Anbetung der Könige, rechts Kreuztragung.*

106 *Das Grabmal des Grafen Guglielmo da Castelbarco (gestorben 1320), der die Bettelordenskirchen S. Anastasia und S. Fermo förderte. Der Aufbau dieses freistehenden Grabmals war Vorbild für die Skaliger-Gräber.*

107 *S. Anastasia: Detail mit spiralförmig gewundener Säule vom Mittelpfeiler des Portals.*

108 *Das Täfelwerk der Portalflügel von S. Anastasia bildet ein graphisches Vierpaßmuster mit der Wirkung einer Gittertür.*

107

109 *»Pasquino« nennen die Veroneser den Buckligen, einen der beiden Trägerfiguren der Weihwasserbecken am Eingang von S. Anastasia. Seinen Namen hat diese originelle, von Paolo Orefice geschaffene Skulptur, weil sie am Osterfest (Pasqua) des Jahres 1591 hier aufgestellt wurde.*

110 *S. Anastasia ist eine typische gotische Bettelordenskirche: dreischiffig, mit Querhaus und fünf Chorkapellen. Die hohen Spitzbogenarkaden spannen sich über sechs monumentale Säulenpaare, die auch die lastenden Kreuzrippengewölbe tragen. Die Vorliebe der Veroneser Baukunst für Polychromie hat sich in dieser Kirche von außen nach innen verlagert. Das Plattenmuster des Marmorbodens (1462) korrespondiert farblich mit dem Gestein der Säulen und der Freskenausmalung von Bogenlaibungen und Kreuzrippengewölbe.*

111 *Cappella Pellegrini: die künstlerisch bedeutendste der reich ausgestatteten Chorkapellen von S. Anastasia. Zwar sind die Pisanello-Fresken abgenommen (heute in der ehemaligen Sakristei zu sehen), aber ein bedeutendes Kunstwerk ist noch an seinem Platz: die 24 Terrakottareliefs des Michele da Firenze von 1436 (vgl. Abb. 115), stilistisch ein Werk des Übergangs vom Weichen Stil zur Frührenaissance. Im gotischen Baldachingrabmal des Tommaso Pellegrini, eines Gefolgsmannes der Skaliger, das Fresko einer thronenden Madonna mit Heiligen aus der Schule des führenden Veroneser Trecento-Malers Altichiero. Die beiden Heiligen am Pilaster malte Michele da Verona in der Art Mantegnas (Ende 15. Jh.).*

112 *Die Cappella Pellegrini enthält noch ein zweites Grabmal, das der Bevilacqua, die – so zeigen es die Wappen über den das Fresko rahmenden Säulen – mit den Pellegrini verschwägert sind. Auch diese Malerei gehört der Altichiero-Schule an.*

113 *An der Schwelle der Spätgotik zur Frührenaissance steht das Grabmonument des Condottiere Cortesia Sarego in der Hauptchorkapelle von S. Anastasia. Der Florentiner Bildhauer Nanni di Bartolo (genannt Rosso Fiorentino), der auch das Brenzoni-Grabmal schuf (vgl. Abb. 52), läßt hier die Reiterfigur des Verstorbenen auf dem Sarkophag unter einem von zwei Landsknechten zurückgeschlagenen Baldachin-*

111

Vorhang auftreten. Das Roß ist deutlich den antiken Bronzepferden von S. Marco in Venedig verpflichtet. Zugleich war die Reitergruppe eine wichtige Vorstufe für Donatellos Standbild des Gattamelata in Padua.

114 *Die Cappella Cavalli in S. Anastasia steht im Zeichen des noch mittelalterlichen Grabmals von Federico Cavalli, eines anderen Condottiere der späten Skaligerzeit (1390). Der Verstorbene ruht in ritterlicher Rüstung und Kettenhelm über dem Sarkophag. Im Tympanon darüber empfängt die Gottesmutter mit dem Kind, umgeben von musizierenden Engeln, den knienden Ritter. Das Grabmal bedeckt zum Teil ein großes Fresko von Altichiero von 1375, das einzige in seiner Heimatstadt erhalten gebliebene Werk dieses wohl bedeutendsten oberitalienischen Malers des Trecento.*

115 *Judaskuß: Detail der Terrakottareliefs von Michele da Firenze in der Cappella Pellegrini (vgl. Abb. 111).*

116 *Das 24 Quadratmeter große, in zwei Registern angelegte Fresko des Jüngsten Gerichts in der Hauptchorkapelle von S. Anastasia. Zentraler Mittelpunkt ist Christus Pantokrator in der Mandorla; ihn flankieren Maria und Johannes der Täufer sowie die Apostel in gotischem Chorgestühl als Beisitzer des Gerichts, während unten die Leidenswerkzeuge erscheinen und zwei Erzengel als Wächter vor Paradies und Hölle, unterstützt von Engeln und Teufeln, die Menschheit in Gut und Böse scheiden. Das Fresko, erst vor wenigen Jahrzehnten wiederentdeckt, ist dem Veroneser Turone zugeschrieben worden (2. Hälfte 14. Jh.).*

117, 118 *Die von den Skaliger-Herrschern erbaute Stadtmauer umschloß das mittelalterliche Verona und damit das gesamte historische Stadtgebiet. Blick vom Colle S. Pietro auf den Campanile des Domes, rechts ein Mauerstück beim Colle S. Zeno in Monte.*

119 *Das »Grab der Julia«, ein antiker Sarkophag in den Gewölben des ehemaligen Kapuzinerklosters S. Francesco al Corso, ist Pilgerstätte für romantisch gesinnte Reisende aus aller Welt. Dichtung oder Wahrheit – die tragische Liebesgeschichte von Romeo und Julia und den verfeindeten Häusern Montecchi und Capuleti ist durch Shakespeares Drama untrennbar mit dem Schauplatz Verona verbunden.*

120 *Das »Haus der Julia« aus dem 14. Jahrhundert, unweit Piazza delle Erbe und der ehemaligen Skaliger-Paläste, beflügelt als Schauplatz der poetischen Balkonszene die Phantasie aller Liebenden.*

DAS VENEZIANISCHE VERONA

A. D. MCMXXIX
ENTE LIRICO
ArenaVerona
TEATRO FILARMONICO
MAGGIO DELLA MUSICA CONTEMPORANEA
10, 12, 15, 20 maggio
CIRANO
di MARCO TUTINO
Direttore Tiziano Severini
Interpreti principali: Stefano Antonucci
Laura Cherici, Claudio Di Segni
ORCHESTRA E CORO DELL'ARENA DI VERONA
CAVÈ-VR

121 *Die mittelalterliche Stadtmauer des Cangrande, von der Serenissima durch Bastionen verstärkt, erfüllte während der ganzen venezianischen Periode bis zum Sturz der Markusrepublik ihren Zweck.*

122 *Die beiden großen Bögen an der Piazza Bra wurden nicht als Stadttore erbaut, sondern dienten als Stützen eines bedeckten Ganges, mit dem die Visconti 1389 die alte Festung, das Castelvecchio, mit der neuen, der Cittadella, verbanden, und zwar unter Nutzung der älteren, inzwischen funktionslos gewordenen Stadtmauer aus der Zeit der Kommune. Der im Dienste der Venezianer stehende Architekt Michele Sanmicheli, ein gebürtiger Veroneser, hat diese Tore in sein städtebauliches Konzept einbezogen, indem er den neu angelegten Corso Porta Nuova direkt auf diese sogenannten Portoni della Bra leitete.*

123 *Allegorie der venezianischen Verona, Symbolfigur vierhundertjähriger Prosperität im Zeichen der Markusrepublik. Die an der Fassade des Kommunalpalastes an der Piazza dei Signori angebrachte Marmorskulptur entging als eines der wenigen Denkmäler der Venezianerherrschaft der Zerstörung durch die Franzosen beim Sturz der Republik Venedig.*

124 *Das Mauerwerk des ehemaligen Palastes des Cansignorio, von den Venezianern als Residenz des Statthalters und seiner Ämter genutzt, hat in dieser suggestiven abendlichen Beleuchtung wieder etwas vom alten Glanz der Skaligerzeit.*

123

125, 126 *Die elegante Freitreppe aus rosafarbenem Marmor im Hof des Palazzo del Comune, dem mittelalterlichen Bau 1446–50 hinzugefügt, ist ein besonders schönes Beispiel spätgotischer Profanarchitektur im Veneto. Von der ursprünglichen Überdachung zeugen noch die Säulenbasen auf dem Geländer.*

125

PRETVRA

127 *Die spätgotische Fassade des Palazzo Miniscalchi-Erizzo mit den Fresken des Michelangelo Aliprandi (Ende 16. Jh.), deren Farbigkeit mit den grauen, roten und gelblichen Gesteinslagen des Stufenportals harmonisieren. Eine besondere Zierde der Fassade sind die gotischen Biforienfenster aus rötlichem Marmor mit zierlichen gedrehten Mittelsäulchen und Maßwerk.*

128 *Die Eingangshalle des 1580 ausgebauten Traktes des Palazzo Miniscalchi-Erizzo hat nach einer Restaurierung die frühere Nobilität zurückgewonnen.*

129, 130 *Das Innere des Palazzo Miniscalchi-Erizzo ist als Museum der gleichnamigen Stiftung zugänglich. Die hier ausgestellten Kunstschätze reflektieren Vermögen, Geschmack und Kultur einer bedeutenden Veroneser Patrizierfamilie.*

129

130

131 *Museo Miniscalchi-Erizzo: Ausschnitt aus einem Familienbildnis von Sebastiano Bombelli (18. Jh.).*

132 *Das momumentale Dekkenfresko von 102 Quadratmetern Fläche im Hauptsaal des Palazzo Erbisti hat Giorgio Anselmi 1746 gemalt. Den gleichzeitigen Stuckdekor schufen Tridentiner Meister. Der Palast ist heute Sitz der Akademie der Wissenschaften.*

131

133 *Die Loggia del Consiglio an der Piazza dei Signori, erbaut 1476–93, ist nicht nur ein Schmuckstück des historischen Veroneser Stadtzentrums, sondern auch ein hervorragendes Zeugnis der oberitalienischen Frührenaissance-Architektur. Als Baumeister wird der Veroneser Fra Giovanni Giocondo genannt. Zwischen den trutzigen mittelalterlichen Palästen ist der elegante zweigeschossige Bau mit seiner an Florentiner und Venezianer Paläste anknüpfenden Gliederung unter reicher Verwendung von skulpturalen und malerischen Dekorelementen repräsentatives Schaustück eines neuen Zeitgeistes und einer neuen Kunst. Auf dem Gesims die Statuen von Persönlichkeiten der Römerzeit, die die Veroneser als ihre Landsleute reklamieren: der Dichter Catull, der Historiker Plinius der Ältere, der Rechtsgelehrte Aemilius Macer, der augusteische Baumeister und Architekturtheoretiker Vitruv und der Geschichtsschreiber Cornelius Nepos.*

134, 135 *Piazza dei Signori: Trotz aller mittelalterlicher Reminiszenzen dominiert die Renaissance. Den Durchgang zwischen der Loggia del Consiglio und dem benachbarten Palazzo mit dem berühmten Caffè Dante überspannt eine antikisierende Bogenarchitektur. Die Statue auf dem Gebälk erinnert an den Veroneser Humanisten und Mediziner Girolamo Fracastoro, der sich um die Erforschung von Infektionskrankheiten verdient machte und als Arzt auf dem Tridentiner Konzil amtierte. Die Legende besagt, daß der Gelehrte die Kugel in seiner Rechten fallen lassen wird, wenn einmal ein weiser Veroneser hier vorbeikäme . . .*

135

136 *Fassadendetail der Kirche S. Maria in Organo: Der untere Abschnitt und das große Thermenfenster stammen von der unvollendet gebliebenen Erneuerung des 16. Jahrhunderts nach einem Entwurf von Sanmicheli, während oben noch die romanische Fassade mit ihrer dekorativen Schichtung des Mauerwerks hervorschaut. Der hochaufragende Campanile mit seinem oktogonalen Abschluß setzt einen markanten Akzent in der Stadtsilhouette (vgl. Abb. 44).*

137 *Das Innere von S. Maria in Organo trägt ganz den Charakter des nach 1481 begonnenen Umbaus, nachdem die benediktinische Klosterkirche langobardischen Ursprungs 1444 vom Olivetanerorden übernommen worden war. Die Kirche ist vor allem sehenswert wegen ihrer Renaissance-Ausstattung. Viele Meister der oberitalienischen Malerei unter dem dominierenden Einfluß Venedigs sind hier beispielhaft vertreten. Wir blicken aus dem tonnengewölbten Mittelschiff mit Freskenszenen aus der Schöpfungsgeschichte von Francesco Caroto in den hell beleuchteten Querarm, wo um 1530 Nicolò Giolfino die Himmelfahrt Mariens malte und sich dabei im Kompositionsschema wie auch in vielen Details auf Tizians berühmte »Assunta« in der Frari-Kiche von Venedig bezog. Bedeutender noch sind die Werke der Bildhauer- und Intarsienkunst.*

138, 139 *Das intarsierte Chorgestühl von S. Maria in Organo sowie die Wandverkleidung der Sakristei zeigen besonders fein gearbeitete Intarsien: Stadtveduten, Landschaften, Tierbilder und Stilleben, geschaffen von Fra Giovanni da Verona. Sie gehören zum Besten, was diese in Ober- und Mittelitalien verbreitete Kunstform zu bieten hat. Rechts eine Darstellung des Kolosseums in Rom aus der Sakristei: vollkommen der Illusionismus des dreidimensionalen Bildraumes, eine der wichtigsten Neuerungen der Renaissancemalerei.*

137

140–142 *Der Giardino Giusti – eines der ältesten und berühmtesten Beispiele italienischer Gartenkunst. Im späten 16. Jahrhundert hinter dem Palazzo der Familie Giusti am linken Etschufer angelegt und von dem Gartenfreund Goethe seiner »trefflichen Lage« und »ungeheuren Zypressen« wegen gepriesen, im 19. Jahrhundert teilweise im englischen Landschaftsstil umgestaltet, präsentiert er sich nach Beschädigung im Zweiten Weltkrieg heute wieder in alter Schönheit. Die Grotte mit der monumentalen Steinmaske bildet den Fluchtpunkt der großen Zypressenallee. Von der Höhe der Terrasse genießt man einen herrlichen Blick über den Garten und die ganze Stadt.*

B. SILVESTER

B·EGIDIVS

143 *Das 10 Meter breite Fresko in der Bibliothek des Klosters S. Bernardino, von Domenico Morone 1494–1503 geschaffen, ist ein Hauptwerk der Veroneser Renaissancemalerei. Zu seiten der Madonna knien die Stifter: links Lionello Sagramoso, präsentiert vom hl. Franziskus und weiteren Ordensheiligen, rechts seine Ehefrau, begleitet von der hl. Klara und den vier großen Franziskanerheiligen Antonius von Padua, Bonaventura, Bernhardin von Siena und Ludwig von Toulouse. Die Hintergrundlandschaft zeigt die Umgebung von Verona: den Gardasee mit Malcesine und den Lessiner Bergen.*

144 *In der Franziskanerkirche S. Bernardino: Altar und marmornes Weihwasserbecken des 16. Jahrhunderts mit der Figur des hl. Franziskus.*

145 *Die Cappella Pellegrini in der Kirche S. Bernardino ist ein bedeutendes sakrales Werk des großen Veroneser Architekten Michele Sanmicheli (1529), ausgeführt jedoch zunächst auf vereinfachte Weise, was bereits Vasari beklagte. Erst 1779 finanzierte ein Nachkomme des Bauherrn eine Restaurierung, die endlich den von Sanmicheli geplanten feinen Dekor zur Geltung brachte. Die klare Gliederung des überkuppelten Raumes auf rundem Grundriß, das harmonische Verhältnis der Einzelelemente zum Ganzen, entsprechen den Prinzipien der Hochrenaissance. Das Mittelbild des Altar-Triptychons hat Bernardino India (1528–ca.1590) gemalt, die Flügel und das Lünettenbild Pasquale Ottino (1570–1621). Bemerkenswert auch das perspektivische Sternenmuster des Marmorfußbodens.*

146, 147 *Blick über den Ponte Pietra auf S. Giorgio in Braida. Die Kirche wurde seit 1477 anstelle einer mittelalterlichen Benediktiner-Basilika im Stil der Renaissance neu erbaut. Ihre mächtige Tambourkuppel, vielleicht auch den unvollendet gebliebenen Campanile entwarf Michele Sanmicheli. Rechts ein Teil des Kreuzgangs.*

144

Marco -Michela

148, 149 *Das Innere von S. Giorgio in Braida, wie die meisten Renaissancekirchen im Veneto von kühler Atmosphäre und architektonisch streng gegliedert: ein tonnengewölbter Saal mit hohen Seitenkapellen und über dem Ostteil, vor der Chorkapelle, Sanmichelis Kuppel. Die Bronzestatuette des hl. Georg über dem Taufbecken im Vordergrund ist von dem Genoveser Barockbildhauer Angelo Rossi. Auch diese Kirche besitzt, wie schon Goethe notierte, eine »Galerie von guten Gemälden«, darunter das figurenreiche Hochaltarbild »Martyrium des hl. Georg« von Paolo Veronese, um 1566 (rechts).*

150 *Nicht nur im Bereich der Sakralarchitektur hat Michele Sanmicheli Maßstäbe gesetzt, ebenso im Veroneser Profanbau zwischen Hochrenaissance und Manierismus. Die klassischen Prinzipien des Palazzo Lavezzola-Pompei (1527–30), Sitz des Naturkunde-Museums, stehen in der Tradition von Bramante und Raffael.*

151 *Eines der spektakulärsten Exponate der bedeutenden Naturkundlichen Sammlungen im Palazzo Lavezzola-Pompei: der große versteinerte Fisch aus dem Fossilienfund vom Monte Bolca.*

150

152 *Der 1530–39 erbaute Palazzo Bevilacqua am Corso Cavour, Hauptwerk Sanmichelis im Bereich der Palastarchitektur. Die Schaufassade ist überreich dekoriert mit antikisierenden Elementen. Charakteristisch und vorbildhaft sind ferner die plastische Durchbildung der architektonischen Glieder, die optische Auflösung der Wand, die loggienartigen Schattenzonen. Die Statue im Vordergrund stellt den Patron der gegenüberliegenden romanischen Kirche S. Lorenzo dar.*

152

153 *Der Palazzo Canossa, gleichfalls Sanmicheli (neuerdings auch Giulio Romano) zugeschrieben, zeichnet sich aus durch strenge Gliederung in der Fläche, Zurückhaltung im Dekor und ausgewogene Proportionen der zweigeschossigen Fassade: unten glatte Rustika, darüber korinthische Doppelpilaster zwischen Bogenfenstern, die das dreiteilige »Serliomotiv« andeuten. Eine verfälschende Zutat des 18. Jahrhunderts ist die wuchtige Attikazone mit den pathetischen barocken Statuen. Die Fresken von G. B. Tiepolo im Inneren gingen beim Bombardement von 1945 zugrunde.*

153

154 *Ein zurückhaltender, nobler Klassizismus herrscht auch im Inneren des Palazzo Canossa.*

155 *Palazzo Canossa: bemalte hölzerne Kassettendecke und ein Groteskenfries mit eingewobenen Figuren, dazwischen Kartuschen mit szenischen Darstellungen. Venezianisch der festliche Kronleuchter aus Muranoglas.*

156 *Der »Listòn« an der Piazza Bra: die Ende des 18. Jahrhunderts gepflasterte Promenade mit ihren beliebten Straßencafés vor der Kulisse historischer Häuser und Palazzi. Die reich dekorierte Fassade des Palazzo Guastaverza in der Mitte ist ein Spätwerk Sanmichelis von 1555.*

154

ALFA
BANCA
CAMBIO
EXCHANGE
TRE CORONE
ARENA DI VERONA
CARMEN

157 *Die Porta Palio (1545–47) im Südwesten der Stadt bezeugt Sanmichelis überragende Fähigkeiten, die fortifikatorischen Bedürfnisse mit architektonischer Gestaltung in Einklang zu bringen. An der hier abgebildeten Stadtseite überlagert wehrhafte Rustika die Säulenarchitektur, während an der Feldseite die Säulenordung über die Rustika dominiert und somit dem in Verona Einfahrenden einen hochrepräsentativen Empfang bereitet.*

158, 159 *Die kleinere Porta S. Zeno, deren Zuschreibung an Sanmicheli heute umstritten ist. Links ein Detail mit zahlreichen Reminiszenzen an antike und zeitgenössische Architektur; das Teilstück rechts zeigt die in Verona traditionelle chromatische Kombination von bossierten Hausteinblöcken und Ziegelmauerwerk, die das Vorbild des benachbarten Campanile von S. Zeno nicht verleugnen kann.*

160, 161 *Porta dei Bombardieri: barockes Pathos im Hof des mittelalterlichen Palazzo des Cansignorio an der Piazza dei Signori. Die Venezianer hatten in dem Palazzo eine Artillerieschule stationiert, von daher erklären sich die Kanonen, Trommeln, Trophäen und Waffen. Das kuriose, in seiner kriegerischen Attitüde eher verspielt anmutende Prunktor schuf Giovan Battista Miglioranzi 1678.*

162 *Die dreigeschossige Fassade des Palazzo Maffei an der Piazza delle Erbe (vgl. Abb. 78), 1668 erbaut, ist das markanteste Beispiel barocker Profanbaukunst in Verona. Der üppige Dekor wirkt in einer Stadt, die vorwiegend klassizistisch und mittelalterlich geprägt ist, etwas befremdend. Die Freiplastiken auf der bekrönenden Balustrade stellen römische Gottheiten dar. Vor dem Palazzo steht – wie in allen Städten der venezianischen Terraferma – die obligatorische Säule mit dem Markuslöwen, dem Hoheitszeichen der Serenissima. Als eines der offiziellen Denkmäler auf dem Veroneser Marktplatz wurde die Säule 1553 hier aufgestellt. Der Löwe mußte allerdings im späten 19. Jahrhundert erneuert werden, nachdem die Truppen Napoleons die Säule 1797 umgestürzt hatten.*

FESTUNG
DER HABSBURGER

163 *Auf der Höhe des Colle S. Pietro, oberhalb des Römischen Theaters, gab es bereits in römischer Zeit eine Zitadelle. Alle Machthaber Veronas versicherten sich als erstes dieses strategisch wichtigen Platzes. Heute beherrscht die von den Österreichern erbaute monumentale Kaserne die Silhouette des Hügels.*

164 *Die 1520 von Venedig erbaute Porta Vescovo erhielt im 19. Jahrhundert eine Fassade zur Stadt im neoromanischen Stil.*

164

165 *Sanmichelis Porta Nuova von 1533–40 entsprach den neuen Erfordernissen der Verteidigung und trug zugleich den wehrhaften Charakter bildhaft zur Schau. Die Anordnung der ursprünglich drei Tordurchgänge für Wagen und Fußgänger, der Einsatz von Bossenmauerwerk, Säulenordnung und Giebel sowie die runden Wehrtürme gehen auf antik-römische Stadttore zurück. Die Porta Nuova war in Wirklichkeit eine kleine Festung, auf der Geschütze bereit standen und in der auch eine Besatzung Platz fand. Wie die Porta Vescovo wurde auch dieses Tor durch die österreichischen Machthaber 1854 grundlegend umgestaltet.*

165

166 *Zu den seit 1832 betriebenen fortifikatorischen Maßnahmen der österreichischen Machthaber gehörte die Instandsetzung und Verstärkung des auf die Skaligerzeit zurückgehenden Mauerrings sowie der Ausbau von Bastionen. Nach den Vorstellungen Kaiser Franz-Josephs sollte Verona als nordwestlicher Eckpfeiler des österreichischen Festungsvierecks in Oberitalien ein Vorposten der kaiserlichen Macht sein.*

166

167 *Blick auf das Fort S. Leonardo, eines der von den Österreichern auf den Hügeln von Verona errichteten »Torri Massimiliane«, das nach dem Zweiten Weltkrieg in die Votivkirche S. Maria di Lourdes umgewandelt wurde. Im Vordergrund S. Fermo Maggiore, dahinter der Campanile des Doms.*

167

168 *Die österreichische Festung S. Sofia, interessantes Zeugnis der habsburgischen Militärarchitektur im 19. Jahrhundert (1843).*

169 *Teilstück der von den Österreichern mit polygonalen Hausteinblöcken verstärkten mittelalterlichen Stadtmauer.*

170 *Piazza Independenza mit dem Postgebäude von 1930 und dem Garibaldi-Denkmal (1887). Der Baumbestand ist der Rest des einstigen Botanischen Gartens der Veroneser Akademie.*

171 *Eingangshalle des Palazzo Carli (18. Jh.). In der Bel Etage befindet sich eine künstlerische Reminiszenz der österreichischen Epoche in Form eines monumentalen Deckengemäldes mit dem habsburgischen Doppeladler in den vier Ecken.*

172 *Die Gran Guardia an der Piazza Bra wurde von den venezianischen Statthaltern 1610 angelegt. Auch dieser riesige Bau diente militärischen Zwecken: In der offenen Halle des Erdgeschosses konnten auch bei Regenwetter Paraden und Übungen abgehalten werden. In der Kombination von massiver Rustika und klassischer Säulenordnung orientierte sich der Architekt Domenico Curtoni sowohl an Palladio als auch an Sanmicheli (vgl. das Motiv der Doppelsäulen bei der Porta Palio, Abb. 157). Vollendet wurde der Palazzo im Obergeschoß erst 1843–50. Später wurde er Sitz der Börse.*

173 *Die Piazza Bra als Platz der Kontraste: Neben der römischen Arena die sogenannte Gran Guardia nuova von 1838 (Architekt Giuseppe Barbieri) – ein rein klassizistischer Bau mit einer monumentalen Säulenfront über breiter Freitreppe.*

174 *Die klassizistische Kolonnade der Gran Guardia nuova. Der Palazzo war ursprünglich Sitz der österreichischen Militärregierung, heute beherbergt er die Stadtverwaltung von Verona.*

175 *Die römische Arena vor der klassizistischen Gran Guardia nuova: In ihren Bauten manifestiert sich die zweitausendjährige Geschichte der Stadt Verona.*

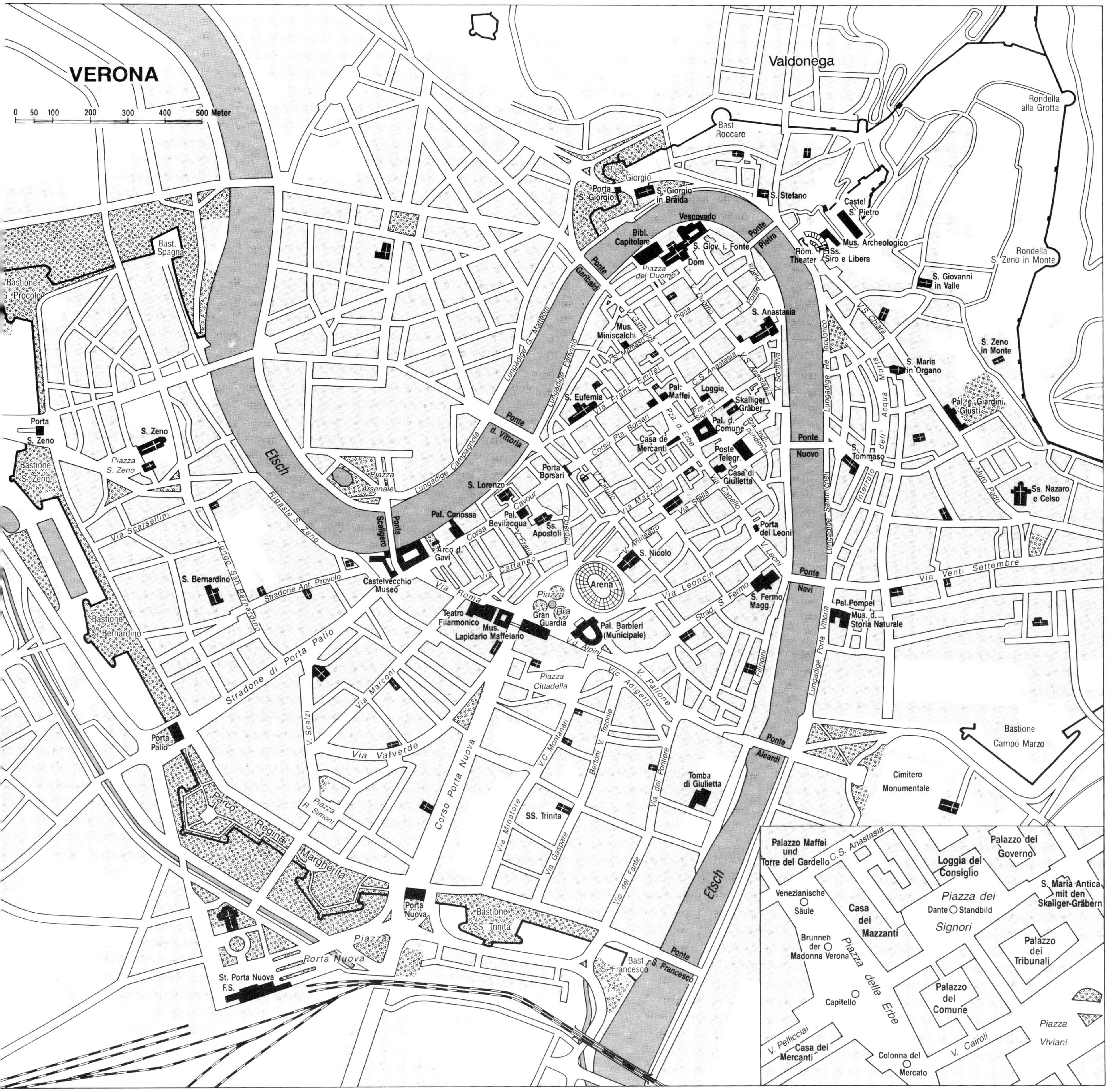
VERONA
0 50 100 200 300 400 500 Meter
Valdonega
Bast. Roccaro
Rondella alla Grotta
Bast. S. Giorgio
Porta S. Giorgio
S. Giorgio in Braida
S. Stefano
Castel S. Pietro
Vescovado
Bibl. Capitolare
S. Giov. i. Fonte
Dom
Piazza del Duomo
Ponte Pietra
Röm. Theater
Ss. Siro e Libera
Mus. Archeologico
Rondella S. Zeno in Monte
S. Giovanni in Valle
Bast. Spagna
Bastione S. Procolo
Ponte Garibaldi
Lungadige G. Matteotti
Lungadige Panvinio
Mus. Miniscalchi
S. Anastasia
S. Zeno in Monte
S. Maria in Organo
Lungadige Re Teodorico
Pal. e Giardini Giusti
S. Eufemia
Pal. Maffei
Loggia
Skalliger Gräber
Pal. d. Comune
Casa de Mercanti
Poste Telegr.
Casa di Giulietta
Ponte Nuovo
S. Tommaso
Ss. Nazaro e Celso
Porta S. Zeno
S. Zeno
Piazza S. Zeno
Bastione Zeno
Etsch
Ponte d. Vittoria
Lungadige Campagnola
Piazza Arsenale
S. Lorenzo
Porta Borsari
Corso Pta Borsari
Pal. Canossa
Pal. Bevilacqua
Ss. Apostoli
Ponte Scaligero
Arco d. Gavi
Castelvecchio Museo
Porta dei Leoni
S. Nicolo
Arena
Piazza Bra
Gran Guardia
Via Leoncino
Via Roma
Via Cattaneo
Via Mazzini
Via Scarsellini
Rigaste S. Zeno
Lungo San Bernardino
Stradone Ant. Provolo
S. Bernardino
Bastione S. Bernardino
Teatro Filarmonico
Mus. Lapidario Maffeiano
Pal. Barbieri (Municipale)
V. d. Alpini
S. Fermo Magg.
Ponte Navi
Strad. S. Fermo
Pal. Pompei
Mus. d. Storia Naturale
Via Venti Settembre
Lungadige Porta Vittoria
Lungadige Sammicheli
Stradone di Porta Palio
Via Marconi
Piazza Cittadella
V. Pallone
Porta Palio
V. Scalzi
Via Valverde
Corso Porta Nuova
Ponte Aleardi
Bastione Campo Marzo
Cimitero Monumentale
Tomba di Giulietta
SS. Trinita
Via del Pontiere
Via del Fante
Via Gaspare
Via Minatore
Piazza R. Simoni
Parco Regina Margherita
Porta Nuova
Bastione SS. Trinita
Piazza Porta Nuova
Bast. S. Francesco
Ponte S. Francesco
St. Porta Nuova F.S.
Palazzo Maffei und Torre del Gardello
C. S. Anastasia
Palazzo del Governo
Loggia del Consiglio
S. Maria Antica mit den Skaliger-Gräbern
Piazza dei Signori
Dante Standbild
Venezianische Säule
Casa dei Mazzanti
Brunnen der Madonna Verona
Piazza delle Erbe
Capitello
Palazzo dei Tribunali
Palazzo del Comune
Piazza Viviani
V. Pellicciai
Casa dei Mercanti
Colonna del Mercato
V. Cairoli

Register

Kursive Ziffern beziehen sich auf die Bildtafeln bzw. die entsprechenden Bildtexte.

AVE
MARIA